『教え方』教えます

ビジネスに活かせる コーチングを超えた具体的な指導法

はじめに

「せっかく教えてやっているのに、感謝の態度がない」

「教える者の苦労をわかってくれない」

「文句ばっかり言うくせに、教えたことは覚えていない」

こんな悩みの声が聞こえてくるような気がします。親の苦労、子知らず。教師の苦労、生徒知らず。講師の苦労、受講生知らず。先輩（ＯＪＴ）リーダーの苦労、後輩知らず……。

ちょっと待て。かく言うあなたも、つい最近までは教わる立場で、文句を言っていたのではありませんか。ああ、立場が変われば見方も変わる、ですね。

教わる側の立場になって、教えてもらって嬉しい「教え方」というのはどういうものなのでしょうか。

相手と関わるときに使える具体的な指導技術というものがあるのでしょうか。

何が、教わる者の心を開く要素なのでしょうか。

教えるということは、教える側にとってどういう意味があるのでしょうか。

この本は、このような悩み多き「教える人」の疑問に答えるために書かれました。二十数年、企業研修を実施し、企業の指導者となる人々を指導し、実際に教え続けた経験と、教える人を教えた経験をもとに、気持ちが伝わる「教え方」を一挙に公開します。

教師でなくても、講師でなくても、人と接し、何らかの影響力を発揮しようとするリーダーなら、必ず役立つヒントが満載です。

第1章では、教える側の姿勢を見直しています。教えることが苦痛ではなく、実は大きな喜びであること、教える側の成長の機会であることがわかるでしょう。

第2章では、具体的な指導の技術を、数多くの例を交えて紹介します。手順や言葉遣いなど、そのまま使える実例がいっぱいです。

第3章では、心が通うコミュニケーションというテーマで、もう少し汎用性のある、対人対応の手法を扱っています。

そして第4章では、教えることそのものから、人間関係を温かくし、人生を豊かにするための考え方をまとめています。

〝人を育てる〟という意識から、〝人とともに成長する〟意識に変わったとき、〝教える〟という行為は〝学ぶ〟という活動に変わり、相手を育てなくても、いつの間にか〝育っていた〟という状態が現れることでしょう。

「教えることは学ぶこと」、学ぶということはともに成長することです。この本で、多くの指導する立場の人たちが、ともに学ぶ喜びを味わい、大きく成長されることを心から希望します。

本書の刊行にご尽力くださった、産業能率大学出版部の栽原敏郎さん、福岡達士さんに感謝いたします。挿絵・イラストの作成は、友人の田中実・まりえご夫妻に担当していただきました。ありがとうございます。また、企業研修のためにめったに家に帰らないお父さんが、家にいるときも原稿作成で書斎にこもりっきりの状態で、母子家庭状態だったにも関わらず、原稿チェックやおいしい食事の用意などで協力してくれた妻と家族のみんなに感謝します。

二〇〇八年七月

荒巻基文

『「教え方」教えます』もくじ

第1章

上に立つ者の姿勢

1 人間関係において「誤解」はない!?

「親切に教えてやっているのに、〝**いちいちかまわないで**〟とは何だ！」

ぶち切れてしまった課長さん。

毎日毎日、異星人としか思えないような部下のご指導お疲れ様。会社だけではありません。NPO（非営利組織）のリーダーさん、家庭の教育ママ・パパ、もちろん学校の先生方も、一生懸命教えてあげているつもりなのに相手は一向に関心を示さない。それどころか、〝いちいちかまうな〟などと迷惑がられた日にゃぁ「**誤解するのもたいがいにしろ！**」と反論したくもなります。

でもちょっと待って。人間は皆、違った個性、考え方の持ち主です。こちらの思い通りに動かそうということ自体、少々無理があるかもしれません。

昔、同時通訳の草分けだった西山千氏が言われた言葉が心に残っています。

『人間関係において〝**誤解**〟という言葉はない。〝**二つの理解**〟があるだけだ』

誤解ではなく、二つの理解とはどういう意味でしょうか。

人間関係において〝誤解〟という言葉はない。〝二つの理解〟があるだけだ

有名なエピソードがあります。

コップに水が半分入っているのを見て、水の豊富な国のＡさんは、「まだ水が半分もあるから安心だ」と考えました。ところが、砂漠の国出身のＢさんは、「もう水が半分しかないから心配だ」と思いました。Ｂさんが、水をもっと入れておいてほしいとあせる姿を見て、Ａさんは、「何てガツガツしているんだろう」と思うかもしれません。何も行動を起こさないＡさんを見てＢさんは、「関心の足りない、いい加減な人だ」と思うかもしれません。同じものを見ていても、その理解の仕方によって、次の行動は変わってくるのです。

さて、先ほどの課長と部下の例に戻りましょう。

〝いちいちかまわないでほしい〟というのは、上司をうるさいと思っていやがっているのではなく、「自分で頑張ってみたい。課長の親切はありがたいけど、手間を取らさないために自分で頑張るからかまわないで結構ですよ」という感謝の気持ちかもしれません。

図1-1　２つの理解

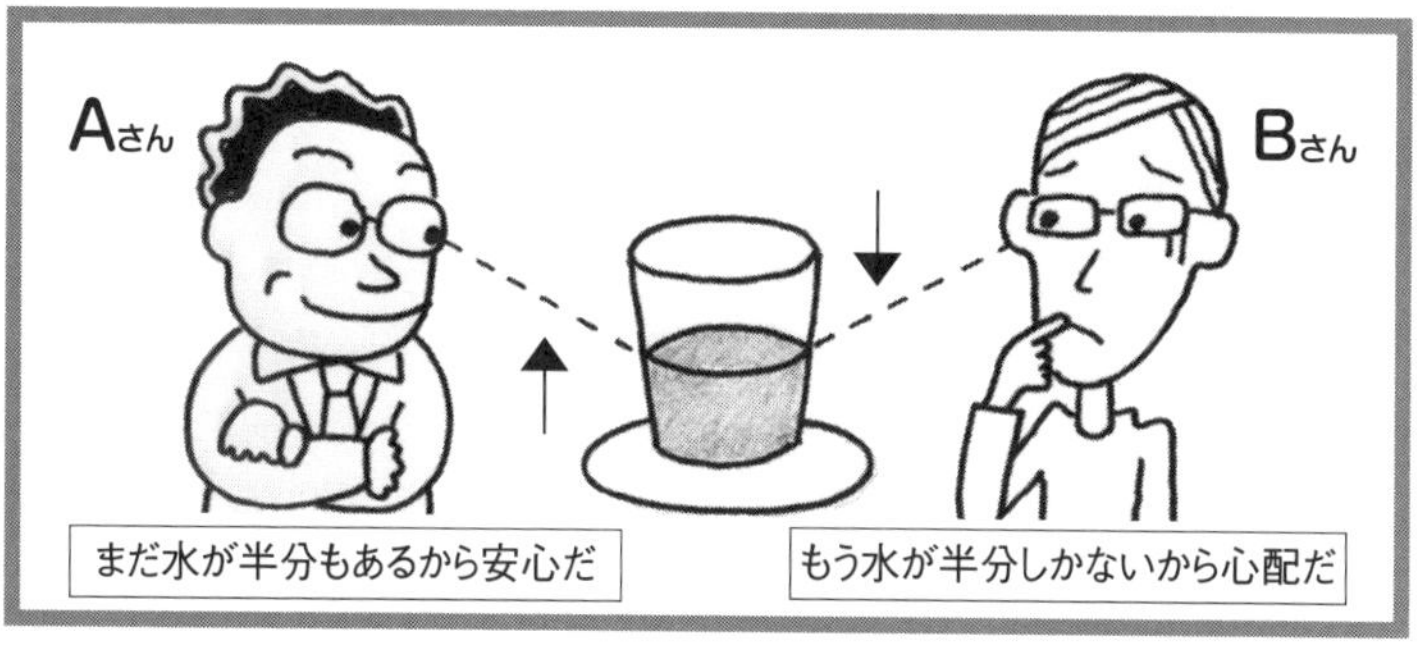

別の例を見てみましょう。

「この授業は面白くない」と言われても、〝教え方が面白くないから先生がきらいだ〟と言っているのか、〝十分チャレンジング（挑戦しがいがある）でないので、もっと難しい授業をしてください〟と期待を向けているのか、言葉だけではわからないこともあります。

二つの理解が発生するメカニズムを示しましょう。

「面白くない」という言葉に対して、AさんとBさんではプラスとマイナス、全く違った理解を持ったわけです。この理解に従って次の言動が決まります。もしBさんが、Aさんの考え方をよく聞いてAさんと同じプラスの理解を持ったなら、プラスの言動「よし、それではもっと面白い（チャレンジングな）内容で頑張ってみようか」というような反応をするでしょう。しかし、相手の考えをよく聞かず、マイナスの理解を持ったまま反応すれば「じゃぁいいよ、勝手にしろ」というような態度に出るかもしれません。

同じ言葉の背景にある『二つの理解』を近づけなければ、『誤解』が残り、二人の距離は遠くなってゆくばかりです。

相手が自分をきらっていると思えば、ちょっとした発言が誤解に聞こえます。「あれっ？」と思ったとき、〝**嫌っている**〟のではない、〝**違っている**〟のだと思いましょう。そうです。良い悪いではなく、理解の仕方には相手と自分と二つの理解があるということなのです。

図1-2　2つの理解が発生するメカニズム

いやがっている、誤解だと思えば反発したり距離をおいたりしたくなるでしょう。でも、単に違っているのだと思えば、なぜだろう、もっと知りたいと思い、近づいていくはずです。

上に立つ者、指導する者にとって第一の基本は、相手に関心を持つことです。心の壁をつくらず、興味を持って近づいていけば、相手もまた、心を開きあなたに関心を持ってくれるでしょう。

指導する者にとって第一の基本は、相手に関心を持つことである

たとえ相手が、あなたと共通の理解を言葉で示した場合でも、ひょっとしたら異なる考えが潜んでいるかもしれないと思い、関心を持ち対話を深めていきましょう。

表に出てきた言葉の背景には、こちらからは見えない、いろんな考えや価値観が隠れているのです。まず、関心を持って近づいていくこと。相手の考えや価値観を知りたいと思うこと。これが指導者の第一原則であるということをお話ししておきたいと思います。

人間関係において「誤解」はない

ポイントの整理

ギクシャクした関係

「誤解」とみる	「二つの理解」とみる
距離をおきたい	近づいていって知りたい
話さない	話そうとする
悪い憶測を持つ	本当のことがわかり安心
人間関係が悪化する	人間関係がよくなる

「誤解」されていると感じるのは、被害妄想である場合さえある。「変だな」と思ったら、違っているんだと思って、勇気を持って一歩近づこう!

②ネコの教育、サルの教育、タカの教育

まず相手に関心を持つことの大切さを述べました。誰でも子供に対しては深い関心を持っているでしょう。動物も同じです。この節では、「猫化け、猿真似」の教え方を推奨しようというのではありません。教え方にもいくつかのタイプがあるということを、ネコの子育てスタイルと、サルの子育てスタイル、そしてタカの子育てスタイルを比較して考えてみようと思います。

親ネコが子ネコを連れて場所を移動するとき、どのようにするかご存じですか。そう、皆さんがネコを運ぶとき、その首を捕まえて運ぶことがあるように、親ネコは子ネコの首をくわえて運びます。場所を移動する際、子ネコは自分では何の努力もしない、というかする必要がないのです。まったく親ネコの意思のまま、なされるがままにしているのです。

サルはどうでしょう。親ザルが子ザルを連れて場所を移動するとき、どのようにするでしょうか。そう、皆さんが子供の頃、何か怖いものでも見たときにお母さんのおなかにくらいついたように、子ザルは親ザルのおなかに下から抱きついて、親ザルが四つ足で歩くときも落ちないように必死でしがみついています。

ネコ型の教育というのは、子供の気持ちや意思に関わらず、親がこうと決めたら有無をいわさ

ずその通りにする。子供は親の意のままに指導される、というスタイルのことをいいます。

子供に判断する力がないということも理由の一つかもしれません。親が自分の都合で物事を決めたいのかもしれません。子供がかなり大きくなっても、塾の選択や参考書の選択、勉強の仕方まで、親や先生がこと細かく決めて、押し付けている姿も見かけます。親や先生ご本人は、子供のことを考えてしてあげているのかもしれませんが、子供の意思や気持ちは反映されていないように思います。

サル型の教育というのは、行く先や行動そのものは親が決めるのですが、子供はその指導方法に従おうと思ったら自分の意思で従う、というスタイルのことをいいます。子ザルは、親ザルについて行こうと思ったら、自分の意思で親のおなかにくらいつかなければなりません。手を離すと落っこちるし、親の行くところに行けないかもしれないのです。その意味で、子供の意思は少しは反映されているといえます。ただ、どこへ行くか、何をするかは親や先生が決めていることには変わりありません。

それでは、タカの教育とはどのようなスタイルでしょうか。子タ

図1-3　ネコの教育とサルの教育

カは、自分の力で飛び、自分のエサも自分で取る。親タカはそれを見守り必要に応じて支援するというスタイルのことをいいます。

タカの親は、木の高い所に巣を作り、子供が小さいときは親自らがエサを運んで与えるのですが、ある程度大きくなったなら、無理に巣から蹴落として子タカが羽ばたかざるを得なくします。子タカはあわてますが、羽をばたばたさせて必死で飛び、自分の行きたい方向へ飛んでいくのです。しかし、うまく飛べず墜落しそうなときや外敵に襲われそうなときは、親タカが大急ぎで急降下して、助けに向かいます。子タカをすくい上げたり、外敵を追い払ったりするのです。つまり、子タカは自由意思を持って自分の道を歩むのだけれど、支援が必要なときや危険なときには親が手を差し伸べてガイドするというスタイルなのです。

さて、皆さんはどのタイプの教育が望ましいと思い

図1-4　タカの教育

ますか。もちろん、教える相手の年齢やニーズによって使い分ける必要はあるかと思いますが、基本的にしっかりガイドしたうえで、自由意思による学習を促し、相手が必要としているときに、やってあげるのではなく相手が自分でできるように支援する、こういうスタンスが、教育の基本スタイルではないかと思います。

やってあげるのではなく、相手が自分でできるように支援する

私事ではありますが、下の娘ふたりがフランスの教育学者モンテソーリの始めた教育法に基づく指導をしている幼稚園に通っていたとき、園長先生がよく言っていました。「子供が何かしてほしいと言っても、してあげないでください。自分でできるように手伝ってあげてください」と。そう、モンテソーリ教育の理念は「ママ、自分でできるように手伝って」なのです。

宿題でも、夏休みの課題でも、親が手伝って（いや、まるっきり親が代わりにやって）あげることが多いようです。そのほうが速いし、間違いもないし、てっとり早いですから。でも、それでは子供が次に自分でできるようにはならないのです。勇気を持って、我慢して、子供が自分の力でやり始めるのを待つ、あるいは促すことが大切です。

相手には能力があると信じて、その開花を辛抱強く待ち、能力が開花するよう適切な支援の手を差し伸べるというスタイル、すなわちタカの教育を目指していくことが本道だと思うのです。

ネコの教育・サルの教育・タカの教育

ポイントの整理

	ネコ型アプローチ	サル型アプローチ	タカ型アプローチ
やることは	指導する側が決める	指導する側が決める	受講生側が決める
自助努力の機会を	与えない	部分的に与える	与える
結果については	受講生の責任ではない	部分的に受講生の責任である	大半が受講生の責任である
	主体性が育たない	自ら考えるところまでは行かない	主体的に自己責任の意識が育つ

自分で考え自ら行動する姿勢を養おう。
しかし、放任ではなく、温かい目で必要なときに
支援の手を差し伸べられるようにしよう。

3 子育ては個育て

教えるときの基本スタンスは、タカの教育でいこうと気持ちが定まったでしょうか。私たちは教育にあたるとき、親や先生の立場で考えて、子供を「教えてあげている」と思っているでしょう。しかし、実際に学んでいるのは誰でしょうか。

この節では、〝教えることは学ぶことである〟という観点で考えてみます。

私の末娘は、小さいときアトピー性皮膚炎で顔や手や足がただれ、痒くて掻くため血が流れていました。私は当時会社勤めで英語スクールのマネジャーをしていましたので責任も重く、早朝クラスといって朝七時半から始まるクラスと夜九時まで行う夜間クラスもあり、シフト制で出勤するもののマネジャーとしては〝通し〟（早朝から最終クラスまで会社にいること）で勤務することも日常茶飯事でした。夜十一時頃に疲れきって帰宅し、風呂に入って、また朝五時に起きるためにただ寝るだけの自宅でした。やっとウトウトし始めた真夜中、子供ベッドで寝ているはずの末娘が〝かゆい、かゆい〟といって泣き出します。

たいていは家内が体をさすり相手になってやるのですが、娘が私を呼ぶときには、私がさすり役になるのです。「眠いのに、早く寝てくれないかなあ……」と思いながら仕方なしに一、二時間子供ベッドにもぐりこみ、ウトウトしながら体をさすする日々でした。

アトピーが出だして、色々な薬や手法を試みましたが、進行することはあっても治る気配はありませんでした。そこで、すごい病院があると家内が人づてに聞いた、高知県の最南端にある土佐清水病院に入院させることにしました。ここではステロイド（抗生剤）は使用せず、独自の塗り薬と飲み薬（サプリメント）を使って一週間ほど空気のきれいな海岸の病院で過ごすのです。家族は近くの民宿に泊まります。病院の診察室には犬がいて、診察中も院長先生の足もとに寝そべったりしています。おおらかな古ぼけた病院です。

ここで教わったことは、アトピーという病気を敵視してやっつけようと思わず、じっくりと付き合って、よい水とよい食べ物と愛情で治していくという姿勢でした。

「愛情？」もちろん私たちは娘を愛している。だから治療してやりたいと思っているのじゃないか。だが待てよ。本心では、『アトピーが治ってくれなきゃ私が困る。夜もおちおち寝られないし、仕事もちゃんとできない』そう思っているのではないか。何てことだ。表面的には子供のためといいながら、自分のことしか考えていなかったのか！

「娘よ、許してくれ。お前は自らがアトピーとなり、父親との接点を必死に作ってくれたのか。お前が〝かゆい〟といって私を呼ばなければ、幼いお前とスキンシップもないまま仕事だけに明け暮れる自分であったに違いない。そして、家庭の大切さや、家族の絆、そして愛することの大切さにも気づかず、殺伐とした人生を送っていたかもしれないのだ。お前は、そんな父を見かねて、私を家族のもとに引き戻してくれたのだ」

そうです。このできごとで教わったことは、子供も病気もすべて私たちに大切なことを教えるために与えられた機会だったということです。私が子供を愛していたのではない。子供も病気も私に愛を与えてくれていたのです。家族を愛していくことの大切さ、すべてを与えられていることへの感謝と、愛を与えることの素晴らしさを、人生にとってかけがえのない大切な気づきを得ることができるように、娘が命がけで私に教えてくれていたのです。

子育てとは、決して「やってやる」ものではありません。人を育てるという真摯で真剣な行為は、自分自身を育て成長させるために与えられた尊い機会なのです。

子育ては個育て、育児は育自

子供を育てることは自分を育てることだと信じます。育児は育自なのです。

小さい子供に限ったことではありません。私は、毎週何クラスも授業を受け持ち、毎月何社も企業研修を行います。どのようなクラスであっても、どのような会社であっても、ひとりとして、ひとつとして同じものはありません。研修内容は同じであっても、生徒や受講生から学ぶことはあまりにも多いのです。

他のみんなはわかっているのに、よく理解できない受講生がひとりいたとしましょう。「こいつのために授業が遅れる。何でこんなにできの悪いやつが交じっているんだ！」などとぼやいたりしていませんか。私もそう思うこともあります。

しかし、待てよ。この受講生も、あの私の末娘のように、私に何かに気づくためのメッセージを投げかけているのではないだろうか。そう思って対応すると、こんな状況さえ学びの宝庫だと思えてきます。

異なる思惑の受講生が交じっているクラスの扱い方、何か心に引っかかりがある受講生から真意を引き出す方法などなど。学ぶ機会を与えてくれていることに感謝し、心からその受講生と接したとき、不思議にその「できの悪いやつ」は努力の人と変身し、明るくみんなと協力し、他のみんなも支援して、よいチームができるのです。

子育てが辛いときこそ感謝しましょう。それはまた、大きな学びのチャンスを与えられているということなのですから。

「相手のため」は実は「自分のため」ではないか

ポイントの整理

親の態度	「子供のため」だが実は親のため	「子供のため」を一番に考える
子供との関係	親の都合にあう部分だけ子供にあわす	子供の立場で考えて行動する
	親の都合で子供を見る	子供の真意がわかる
	子供に教えているつもり	実は子供に教わっている
	親の自己変革なし	親が大きく自己変革する

困りごとと見えるものは、実は自分に何かを学ぶようにと発せられているシグナルなのだ。
それを謙虚に受け止め、学びの対象とするなら、自らの自己成長も図れる。

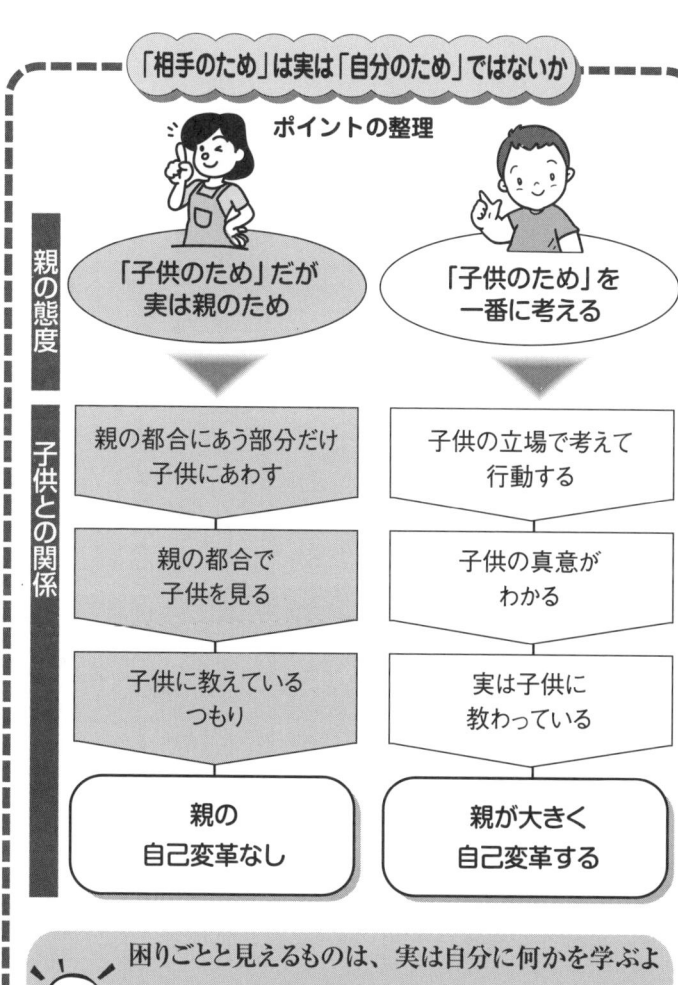

4 目配り、気配り、心配り

タカのように上手な子育てができるようになるためには、子供が今何を最も必要としているか、どのような刺激に対して最も鋭く反応するかをよく見ていなければなりません。

会社の中でも同じことです。部下が今何を求めているのかを知り、何を与えれば一番育つかをよく知ったうえで指導しなければなりません。指導の内容が易しすぎたり、難しくて消化できないものであったりしたなら、せっかく指導者が汗水流して教えても徒労に帰します。

子供にも、その時点時点で一番成長に役立つものが異なります。体と心が反応するものが成長の過程で異なるのです。これをモンテソーリ教育では「敏感期」といいます。敏感に反応するものが異なるということです。

会社でもその他の組織であっても、育てたい相手の敏感期を察知して、一番必要なもの、一番身につくものを与えるように努力することが大切です。

では、どのようにしたら、相手の必要なものがわかるのでしょうか。それは、相手をよく観察することしかありません。日頃から〝**目をかける**〟ことが必要です。お客様への対応も同じですが、教育の世界でも、目配り、気配り、心配りが重要になります。3配りで相手のニーズに敏感になろう、と努めましょう。

3配り（目配り、気配り、心配り）で相手のニーズに敏感になる

(1)目配り

骨董品の善し悪しを診るときは、目で見ます。目利きといいます。目が利（き）くわけです。人の話や姿から、その発する真の声を聞くためには、耳で聞いていたのではだめです。しっかり目を凝らして、目で見るのです。

同じように見える骨董品であっても、目が肥えてくればその善し悪しはちらっと見ただけでわかるものです。

凝視してジロジロ舐めるように見るのではなく、さりげなく、温かく、目をやっただけでその真意が読み取れるような見方ができるとすごいです。

教える相手が、何か反応したらよく観察しましょう。「ガンバリます」と言ったとしても、本当に頑張るつもりか、できそうもないけれど、「できません」と言うと教えてくれる人に悪いから、とりあえず「ガンバリます」と言っているだけなのか。このあたりの気持ちが読めなければなりません。

でも、目配りだけで、本当に真意が読めるのでしょうか。

ベテランの指導者なら読めるはずです。しかし、それほど読み取り能力が高くない場合はどうすればよいでしょうか。

簡単な方法は、質問することです。そして、その答えだけでなく、行動全体をよく見ましょう。「ガンバリます」という答えに対して、「二、三日で完成しそうですか?」と質問したとしましょう。そうすると相手が「何とかなるかもしれませんが……」と、やや視線をそらせて弱々しく答えたとしたら、まず間違いなくこの課題は相手にとって難しすぎるでしょう。

どこに困難を感じているのか、どうすれば自信を持って取り組めるのか、さらにいくつかの質問をして確認していく必要があるのです。

私の研修の経験ですが、このようなことがありました。

世間話的な雑談をしていたとき、ある受講生が熱心にメモを取っていました。他の受講生は誰もメモを取るようなことはしていなかったのですが。後で私が、「○○に関心があるんですか?」と聞くと、「そうなんです。実は……」と○○について自分の興味や考え方を色々話してくれました。その受講生と大変面白いディスカッションができたのです。私も学びになったし、相手もより多くを私から引き出すことができたことでしょう。

このように、相手の反応や言葉をよく観察して、相手の敏感期を見つけることが重要です。

（2）気配り

教えるということは、教える内容だけが大切なのではなく、教える人の立ち居振る舞い、教える環境など、すべてが意識的に整えられている必要があります。

たとえば、講師の立ち方、座り方、立つ位置、座る位置、歩き方、視線の高さ、板書の仕方、スライドの位置、声の出し方、受講生との距離、表情、服装など、あらゆるものに気を配る必要があります。

気を配るというのは、自分がよく見えるようにとか、自分が偉そうに見えるように気を配るということではありません。相手にとって受け入れやすい存在になるように気を配るということです。

私の研修の体験談です。

パソコンからのスライドをプロジェクターに映して研修をしていました。当然、色々なことに気を配って研修をしていたつもりだったのです。ある節目のところで質問を受けました。

「何か質問のある方はいらっしゃいますか？」

一人の受講生が質問しました。

「あのスライドにいつも映っている形は何ですか？」

「エッ!?」

研修内容には関係ない質問で、戸惑ったのですが、実はスライドの端に、テーブルの上に置いてあったペットボトルの影が映っていたのです。受講生はそれが気になって質問したのでしょうが、この小さな影のために、研修の内容そのものについての関心がそがれていたことは明らかです。

そんな、小さなことでも、しっかり気がついて調整しておくこと。また、もしこの受講生が何か落ち着かないそぶりやスライドの端に何度も視線を投げかけていることに気がついたなら、その時点でペットボトルの影は取り除くべきだったでしょう。

このような、小さなことにも気を配るというのが気配りなのです。

小さなことにも気を配るというのが気配り

(3)心配り

心配りとは意識のことです。気配りはどちらかというと技術でカバーできる部分が多いですが、心が伴っていなければ、見えるはずのものも見えないのです。

すなわち、教えている対象への心からの関心です。相手のためになりたいという強い気持ちがなければ、相手の発する見えないメッセージに気づくことはできません。

教えてやっているのではない、教えさせてもらっているのです。**教える相手がいるからこそ、自分が育つ機会が与えられた**のです。感謝して、相手が成長するために、自分は何を貢献できるかを考えましょう。そうすれば、何をいつどのように気配りすればよいか、どのような目配りが必要かが自然とわかってくることでしょう。

目配り、気配り、心配りで、教える対象の人の敏感期を発見し、相手にとって一番役立つことをしてあげてください。

「目配り、気配り、心配り」の効果とは？

ポイントの整理

「3配り」をしない人

相手の行動・言葉の表面的な意味しかわからない

↓

考える側のひとりよがりで必要性を判断する

↓

考える側にとって一番教えやすいことを指導する

↓

相手は物足りないか消化不良。教える側も満たされない

「3配り」をする人

相手の動きや言葉の意味がよく見える

↓

今、本当に必要としていることが読み取れる

↓

相手にとって一番大切なことを指導できる

↓

相手も教える側もうれしい

3配りは大変だと思うなかれ。
そのリターン（効果）は教える側にも、教わる側にも絶大なのだから。

5 問題を攻め、人を誉める

相手に気を配り、細心の注意をして指導にあたっても、相手は必ずしも教える側の思惑通りに動いてくれないものです。黙って無関心を決め込むだけでなく、時には悪さをしたりもするでしょう。

相手が悪いことをすれば叱らなければなりません。叱らないというのは、その発言・行為を受け入れ認めたということになってしまい、他の人にも悪いことが伝染するからです。

しかし、叱り方というのは結構難しいものです。

現場を見ていると一番多い叱り方は、「ダメだね。何でそんなことがわからないんだ。さっき教えたとこじゃないか。お前って本当にできが悪いな」のようなタイプの叱り方です。

このような言い方のどこがよくないのでしょうか。

まず第一に、**人格否定**になっていることです。

「お前って本当にできが悪いな」とか「その態度どうにかならないのか」とか、「素質ないね」のような、相手の全体を否定するような言い方は、どこをどう直してよいのかがわからないし、指摘が性格や態度に関わることだと、〝もともとの性格なんだから仕方ないですよ。変えられないですよ〟というような反発を感じてしまいます。

もう一つは、すぐに「何でできないんだ、なぜわからないんだ」というように〝**なぜ**〟**を早く聞きすぎる**ことです。

わからなかった、できなかったというのは事実で、なぜできなかったかがわかっていれば、できるように努力したはずなのです。できる方法がわからなかったからできなかったのに、〝なぜできないんだ〟と責められても答えようがありません。

では、どのように叱ればよいのでしょうか。

一般に、交渉や衝突回避の方法としてあげられているルールの第一は、「人と問題を切り離す」です。感情を混入させた話し方になると問題はこじれるのです。

「その言い方が気にくわない」「お前が言うからやりたくない」などという心理になってしまいます。

子供でも「何で宿題やらないの、あんたって本当に怠け者ね」などと母親に言われると、「今やろうと思っていたのに、そんな言い方するならやってやらない」と、自分が宿題をやらないのは親の言い方のせいだということになってしまいます。

相手を、全人格的に否定するのではなく、相手の言動のどこがよくないのかを具体的に指摘して、その改善点を探るというアプローチがよいのです。態度や性格を問題視するのではなく、問題となった言動を具体的に問題視していくのです。

人を責めるのではなく、問題を攻めるのです。

人を責めるのではなく、問題を攻める

人を責めるような、よくない言い方の例をいくつかあげてみましょう。

よくない言い方の例

「あなたって、いいかげんな人ね」
「地頭（じあたま）が悪いのかね」
「きっちりできない性格なんだ」
「もともと不得意なんだな」
「君にはとても無理だね」
「やっぱりできないんだ」
「そんな態度じゃできるわけないよ」
「バカじゃないの」
「学校で何習ってきたんだ」
「やっても無駄だね」

「学ぶ姿勢がなってないよ」

「そんな態度じゃ、もう面倒みきれないぞ」

では、感情的でなく、性格や態度など人格否定的な言い方でない例を考えてみましょう。

よい言い方の例

「仕事の手順が不明瞭だったのだね」

「考え方がわからないのか」

「細かい点に気が回らなかったということか」

「この部分は練習不足だったね」

「君の現在の技術では、この作業が手に負えないということだね」

「予測に反して、思い通りに進まなかったのだね」

「どの作業が理解できなかったのかい?」

「やり方がわからなくて混乱しているのか」

「今まで学習したことと照らし合わせて、何が不足しているのだろうか」

「もう一度やるとしたらどんな工夫が必要かい?」

「この部分に集中して取り組んでみたらどうだろう」

「これからも私が支援できるように、難しいところがあったら具体的に言ってくれないか?」

いかがでしょうか。できるだけ人柄や人格を否定することなく、問題点を絞り込むようにしつつ、質問して相手に考えさせるようにし向けています。人は自分で考え始めたなら、解決策は自分で発見できる可能性が高くなるはずなのです。そのとき、問題が絞り込まれていれば、解決策を考えつく確率も高くなるのです。

さらにもう一歩進めていうならば、相手が問題を指摘してきたときや、困りごとを持ってきたときには、それを非難したりいやがったりすべきではないということです。

問題にぶち当たったと感じていること自体が成長のステップですし、困りごとを持ってきてくれたこと自体が教える側にとっても改善のチャンスなのですから、喜ぶべきことなのです。

『ニワトリを殺すな』（ケビン・D・ワン著／幻冬舎）という本に、ホンダの経営姿勢についてこう述べています。

「失敗を奨励せよ。経験のないことをやって誤るのは本当の失敗ではない」
「ただし、失敗したら原因を追究し、正しく反省せよ」
「正しい失敗・正しい反省をした人を攻撃してつぶすな」

要するに、失敗したニワトリに追い討ちをかけて殺すようなことをせず、何が間違いだったかを反省して、その改善策をともに考えるような会議の仕方が正しい会議の仕方だといっているのです。

その意味で、挑戦して失敗した者は勇者です。誉めるに値します。失敗の原因を考えず（考えさせず）闇雲に叱るのは、教える側にも教わる側にも双方にとって何のプラスも生み出しません。相手に考えさせ、意欲を持って改善に当たらせるにはどうすればよいでしょうか。

それは、失敗した相手を誉めることです。失敗したことを認めて、具体的に問題点を指摘できたことを誉めるべきなのです。さらに賞賛に値するのは、その発見した問題点に対して、自分なりの反省をして、改善策を考えたことなのです。

相手の気づきを誉めた後、問題点を一緒に攻めるのです。人を誉めて、問題点を攻めよ、です。

問題を攻め、人を誉める

特に、若いうちに、会社であれば新入社員の頃から定着させなければならない姿勢というのは、何事にも挑戦する姿勢です。挑戦すれば失敗する可能性は高くなります。若者は特に挑戦する義務があります。しかしまた失敗する権利もあると思うのです。

若者は、失敗する権利があるが、挑戦する義務もある

しっかり挑戦し、間違ったら反省し、ともに改善点を探っていきましょう。

「問題を攻め、人を誉める」の効果とは？

ポイントの整理

「人を責めた」場合

相手は萎縮する。
または反発する

↓

失敗を人のせいにして
言い訳する

↓

自分の学びとならない

↓

**教える側は
全てを与えなければ
ならなくなり
ストレスが溜まる**

「人を誉め、問題を攻めた」場合

相手は安心する。
または喜ぶ

↓

失敗は自己責任でとらえ
自分で原因を考える

↓

自らの学びとなる

↓

**教える側は
改善のヒントを与える。
後は教わる側が
自分で学ぶ**

誉められて嫌な人はいない。ましてや、失敗して落ち込んでいるときに、けなされるのは辛い。「問題を攻め、人を誉める」ことの効果は、教える側にも、教わる側にも絶大だ。

6 優れた指導者は「何を教えないか」を知っている

〝優れた指導者は「何を教えないか」を知っている〟。ちょっと不思議な表現ですが、これは、よい指導者は謙虚だから、自分の限界を知っていて、教えられないことを認識している、という意味ではありません。もちろん、謙虚に限界を把握しておいて、できないことを教えないということは最低限必要だとは思いますが。

それでは、標題の真意は何でしょうか。

指導者たる者は、教える内容について熟知しており、教わる者のニーズを把握していて、相手の求めるものを過不足なく与えられることが望ましいのです。すなわち〝よい指導者は「何を教えるか」を知っている〟人のことです。

よい指導者は「何を教えるか」を知っている

博学で、関連情報もよく知っており、具体的な事例なども仕込んでいる、そんな指導者なら頼もしいかぎりです。

ここで、「何を教えるか」について全体像をまとめてみましょう。「教えるもの」が何であれ、この全体像は概ね共通していると思われます。

教えるもの（What to Teach）

概念（コンセプト）：全体像やなぜそれが重要かの意味づけなど
知識（ナレッジ）：その対象に関する直接の情報・知識など
バックグラウンド：その対象の背景や関連情報、過去からの因果関係など
事例（ケース）：その対象にまつわるエピソード、具体例など
学習の方法：この対象を今後も学んでいくための手法や情報源など

教える者は、これらを過不足なく集め、できるだけ学ぶ者に十分なインプットをしてあげることが必要です。それがよい指導者です。

しっかり教えようと思ったら、たくさんのことを学ばなければならないのです。いや、教えるということで、多くのことを学ぶことができるのです。

しかし、実際に教える時間は限られています。指導者として多くを知っていればいるほど、あれもこれも伝えたいのに時間がないことにいらだちを覚えるでしょう。教えることがあまりない

指導者は、時間をもてあますことを心配するかもしれませんが……。

一般的にいって、よい教師が一時間を教えるためには少なくとも一〇時間分の教える内容（関連知識）を背景に持っているといわれています。未熟な教師だと、一時間教えるのに一・五時間分のストックしかないかもしれません。そういう場合は、質問が出たときなどに答えられなくてあたふたすることになるのです。教えることの十倍のストックを持った教師なら、どんな質問がきてもへっちゃらです。

よい教師は、氷山のように実際教えることの十倍が水面下にあるということです。よくない教師は、池の氷のように、水面に浮いている部分は広く見えても水面下にある部分はほとんどないといえるでしょう。

では、十倍以上のストックを持っているのに、限られた時間内でどのようにそのストックを受講生に伝えていけばよいのでしょうか。

図1-5　よい教師とよくない教師のちがい

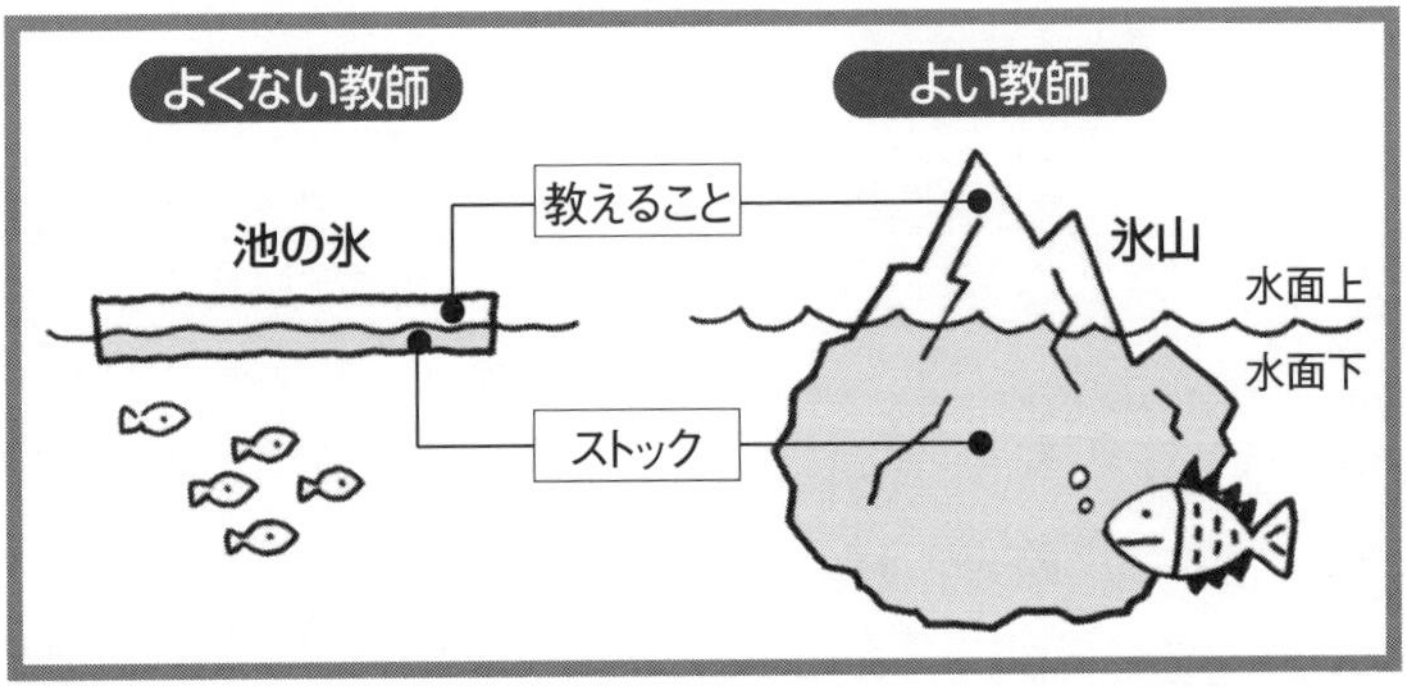

必死で詰め込む、早口でしゃべる、話し方の工夫をして多くを伝える、補足として資料を渡す、宿題を出して関連事項を学ばせる……。あなたならどの手法を使いますか。

私もすべて試してみましたが、残念ながらどの方法も効果があったとはいえません。いっぱい与えてあげたいと思うのは親心ですが、ビタミンと同じで、与えすぎても消化できなければ流れていくだけなのです。もしかすると副作用でかえって体（頭に）によくない作用が起こるかもしれません。過ぎたるは及ばざるが如し、です。相手のためを思って与えたことが、実は相手のためになっていないどころか、与える側の自己満足になってしまう可能性もあるのです。

本当によい指導者、すなわち優れた指導者は、観察していると冗長ではありません。多弁でもないことさえ多く見られます。自然に、さりげなく指導を行い、受講者は十分学んだと満足して帰っていくのです。相手のためではなく、**相手の立場になって**考えて、導入することを取捨選択して、相手にとってちょうどいい加減の内容や量を与えることができる指導者が優れた指導者なのです。

すなわち、優れた指導者は「**何を教えないか**」を知っているのです。

優れた指導者は「何を教えないか」を知っている

それでは、十倍以上あるストックの中から、相手の立場になって考えて、限られた時間内に教えるべきことを峻別する方法はどうしたらよいのでしょうか。それにはストックの中身を構造的に捉えておく必要があります。

構造的に捉えるというのは、教える内容を大きく分類して、構造化・見える化することです。行動計画の立て方を例にとっていうと、その教える活動の「コンセプト」（方針・概念）は何か。Why の部分に当たるでしょう。そしてその活動の戦略は何か。実際の行動の大枠です。そして戦術は何か。個々の動き方です。そして具体的な行動とは何か。誰がいつどこで何をするか、にまで落としていく。今教えている対象に対して、どの部分に重点を置けばよいかがわかれば、その部分だけ伝えればよいのです。

相手の立場で考えて、優先順位を設定し、どれを教えるかを選択する。選択したら、選択しなかったことに未練を感じてはいけません。未練があると、話しているときに、「本当は～も重要なのですが、今日は時間の都合でお話ししませんが……」などというような言い方をしてしまいます。

それは、決して教わる側にとって嬉しい言葉ではありません。〝他に重要なことがあるのなら教えてほしいよ〟と思うでしょうし、〝重要なことを時間内に盛り込めない講師はダメな講師だ〟と思うかもしれません。教える側は〝もっと知ってるんだぞ〟と、自分の博識を匂わせたかったのかもしれませんが、双方にとって何のプラスにもならないのです。

相手の立場で、今相手にとって一番役立つことだけを選び、集中して教えることができる指導者が優れた指導者といえるでしょう。

このような指導者になるためには、常日頃から教える相手に関心を持ち、よく質問し、相手のニーズを感じ取る力を養わなければなりません。すなわち、相手を好きになろうと思って相手に強い関心を持つ「**関心力**」、ちょっとした機会にさりげなく相手のニーズを聞きだす「**質問力**」、そして相手の言動から必要なものは何かを鋭く察知する「**感応力**」で、真に相手の役に立つことのみを選択し、教えることができるのです。

関心力・質問力・感応力で相手のニーズを鋭く察知する

よい指導者は「何を教えるか」を知っている。しかし、優れた指導者は「何を教えないか」を知っているという意味がおわかりいただけたでしょうか。

「何を教えるか」を知っている人と「何を教えないか」を知っている人

ポイントの整理

「何を教えるか」を知っている

相手のためと思って
たくさん 導入する

とにかく早口で
まくし立てる

受け手は
消化不良を起こす

**教える側は
自己満足。
教わる側は混乱**

「何を教えないか」を知っている

相手の立場に立って
選択して導入する

質問しながら
確実に導入する

受け手は
すべてを消化する

**教える側は
常に受け手に関心。
教わる側は安心**

「何を教えないか」を決めるのは勇気がいる。

指導者としての見栄やプライドを捨てなければならないかもしれない。

しかし、指導者の責任はあくまでも学習者が受け取ったことを理解し、咀嚼し、新たな行動を起こしてくれることにある。勇気を持って「何を教えないか」を決められる指導者になろう。

7 緊張はいいんだ

ここまで、上に立つ者・指導者の姿勢について述べてきました。やりがいのある仕事だなと奮い立った人もいらっしゃるでしょう。また、結構大変だなと少し腰が引けた方もいらっしゃるかもしれません。

すでに教える立場の方は、次の指導の場面に向かう前に緊張していらっしゃるかもしれません。そこで、この節では、緊張を克服する方法についてお話ししておきましょう。

まず「緊張」を悪いことだと思わないことです。誰でも最初に教壇に立つとき、あるいは部下指導にあたるときは緊張するものです。それを、緊張してはいけない、緊張していると失敗する、などと思ってことさら緊張していないように見せようと思っても、緊張しているときは緊張しているのです。時には頭の中が真っ白になることもあるでしょう。でも、緊張を避けようとするとかえって緊張感が高まり、ますます墓穴を掘ることになっていきます。

「**緊張はいいんだ**」と思ってください。

さあこれからボクシングの試合だ、というときに、リングに上がって「私は緊張していません。

リラックスして試合しましょう」などという心境だったらどうでしょうか。すぐにノックアウトされてしまうでしょう。

何か重要なことにあたるときは、誰でも緊張するものです。その緊張をしっかり自覚し、マネージしていけば、緊張はかえって力になるのです。

緊張はいいんだ。緊張を力に変える

そうはいっても不要な緊張をする必要はありません。しなくてもよい緊張は取り除き、良質な緊張を力として活用する方法をお話ししましょう。

緊張克服の三要素は、マインド、準備、スキルです。

(1)マインド

マインドについては、すでにお話ししました。緊張を敵にまわさないことです。誰でも緊張する。大統領でさえ、所信表明演説のときは非常に緊張していることでしょう。緊張を敵にまわすと、負けてはいけないと体がこわばり、アドレナリンがバーとあふれ出ます。アドレナリンは視野を狭くし、周囲の状況が目に入らなくなります。そして場が読めず失敗することになるのです。

緊張を味方につけ、〝自分は適度に緊張している。これでエネルギーを込めて力強く教えられるぞ〟と思っているとドーパミンというホルモンが出ます。ドーパミンは前向きなエネルギーで、好奇心を刺激し、周囲と積極的に関わることを助けます。

このように、緊張を悪いことと思わず、味方につけてエネルギーに変えていけるのだと思うことがマインドとして大切です。

(2)準備

準備の大切さは、どれほど強調してもしすぎではありません。大統領の演説であっても、全く練習しないで原稿を読んでいたのでは、聞き手の心を打つことはないでしょう。

「段取り八分に仕事二分」という言葉があります。物事の成否の鍵は準備が八〇％を占めているということです。よく準備して訓練されたパフォーマンス（活動）は見る者の安心感を誘い、その安定した反応がまた発表者の安定感を高めます。

よくない発表者・教師は、準備しているときにこのように考えます。

「もうこのくらいでいいか。結構準備したし、それほどたくさん準備したところで、どっちみちすべてをカバーできるわけではないのだから、適度に準備しておけばいいさ。第一相手は素人だ」

そして本番に臨み、いざ始めるぞというときに、〝準備不足だな。もう少しあれもこれも調べておけばよかったな〃などと不安に思います。すると本番が始まってから案の定準備していなかったところに関する質問が出たり、自分のパフォーマンスの不十分さに気がつき、もっと準備しておけばよかった、と後悔するのです。

すると、ますます不安になり、悪い緊張が体を支配します。悪循環です。

よい発表者・教師は、準備しているときに次のように考えます。

「まだ不十分だ。せっかく私の発表に参加してくださる人のために、私の研修を受けてくださる人のために、もっとできることはないだろうか。相手もそれぞれ力を持った人間だ。人として教えてもらうこともあるだろう。そんな人たちの期待に添うためにもう一歩準備しよう」

そして、これで十分かと思ったもう一段上の準備をこなし、本番に臨みます。しかし、いざ始めるぞというときには、〃十分準備をした。これで皆さんの役に立つパフォーマンスができるだろう。どのような反応があるか、質問がくるか、楽しみだ〃などと期待に胸を膨らませ、よい緊張に体を任せます。すると、本番が始まって、もう一段準備を進めておこうと思って頑張ったところが質問されたりして、気持ちがよくなります。このような良循環が起こるのです。

本番の前には、もっと準備が必要だと思い、さらに準備を進める
本番が始まったら、十分準備したと思って、自信を持って話す

(3)スキル

スキルとは、技術とか手法のことです。準備もした、自信もある。でも、話すときの声の出し方、質問の仕方・受け方、ホワイトボードの書き方、などなど、具体的な方法について、何が効果的なのかを知らなければ、安心して発表や指導を続けることはできません。

相手は、あなたの一挙手一投足を真剣に見ています。意識して見ているか無意識に見ているかは別として、見ているのです。そして、〝よくわかったな〟とか〝よく理解できないな〟などという感想を持つのです。

「よくわかる」ためには、内容がマッチしていたということだけでは不十分です。その伝え方が伝わりやすいものでなければならないのです。

教える側として、「この質問の仕方は本音を引き出すのに有効だ」「この位置で話せば全体を掌握するのに有効だ」「このように手を伸ばしてスライドを示せばわかりやすい」など、あらゆる行為について指導者としてのスキルを使えなければなりません。

少なくとも、何が効果的で、どうすれば逆効果なのか、などについての知識を持っておく必要があります。そのような知識を持っていれば、たとえパフォーマンスの途中に相手のひとりが目をそらしたとしても、びくついたりせず、自分のやっていることに安心感を持って進めることができます。

もし、自分のスキルに確信がなければ、相手の予期せぬ反応に一喜一憂して指導の一貫性を失うことになるでしょう。

教育原理・教育心理に基づいた望ましい教授技術、すなわちスキルがいっぱいあります。本書では、第2章以降で、できるだけ多くの、できるだけ役立つスキルをご紹介していきます。これらのスキルは、私が何十年かにわたって現場で教え、検証し、効果的だったものばかりです。心理に則した技術ですが、学術的な観点ではなく、実務的に、即効性のある事例としてご紹介します。

そうです。小さな行動、効果的な一挙手一投足が積み重なって、研修が終わったとき、指導が一段落したとき、相手から〝何だか理由はわからないけどよかったな〟という反応が得られるのです。受講者が「何だか理由はわからないけど……」というのはかまいません。しかし、教える側は、「なぜかはっきりわかって……」一つひとつの行為をしていただきたいのです。

緊張を克服する三要素をマスターし、そのうえで良質な緊張を力に変えて素晴らしい教育をしていただけることを期待します。

「悪い緊張」と「良質な緊張」とは？

ポイントの整理

いい加減な準備で本番に臨む

- アドレナリンを分泌し、心配・攻撃的な行為となる
- 相手は防衛的・懐疑的になり敵対的な質問などが出る
- 教える側はますます緊張する
- **教える側は冷や汗、失敗感。教わる側は不満足**

十分な準備をして本番に臨む

- ドーパミンを分泌し、安心・積極的な行為となる
- 相手は心を開き、協力的・協働的な質問や言動が出る
- 教える側はますます安定する
- **教える側は喜び、成功感。教わる側は大満足**

時間が厳しい中、準備をするのは辛い。しかし、周到な準備の時間を投資したリターン（効果）は、あまりにも大きい。相手のためだけでなく、自分の心の満足、体の安定のためにも準備は重要だ。通常、内容に詳しいか否かにもよるが、実際に教える時間の少なくとも2倍は準備時間をとるべきだといわれている。

8 演習「二つの理解」

次の記述を読んで、その様子を次ページのボックスに描いてみましょう。書き終わったら、四八ページの絵を見て自分の絵とどこが違うか、なぜそうなったかを考えてください。

山がふたつ重なって、その間から川が流れています。川はふもとまで流れてきて、池になりました。池のほとりには木が2本生えています。木のそばには花が咲いています。

お絵かきを楽しんでください。

＊あなたのイメージで自由に描いてください。終わったら48ページをあけて、共通点や相違点を発見してください。なぜ違ったのかも考えてみましょう。

自分で描いた絵と比べてください。上の絵はスイスの山間の少女が描いた絵です。同じお話を聞いていても思い描くものは違っている場合があります。

私たちは、常にひとつの事実に対しても二つの理解（二つ以上の理解）があることを知っておく必要があります。

なだらかな山かとがった山か、丸い池がギザギザの池か……、日頃目にしているものや文化、教育によって、同じ言葉を聞いても思い浮かべるものが異なる可能性があります。思い込みをはずし、しっかり相手の言葉の意味を確認する必要があるでしょう。

違いについて、あなたの感想を書きとめておきましょう。

第2章

指導する人への具体的な関わり方

1 「何を」の前に「なぜ」を伝える

ある日、私が社内研修を行っていたときのことです。

「ではここで、皆さんの週末の予定をグループのメンバーに話してください。一〇分ほどさしあげます」と指示しました。するとある受講生がやおら手を挙げてこう言うのです。

「私にはできません。なぜプライベートな情報を人に話さなければならないのですか。私はいやです」

ドキッ！

〝そんな、プライバシーを侵そうなどという意図はないのに……。今ちょうど、計画の立て方について講義したところなので、皆が週末のプランをどのように立てるかを題材に、計画作成プロセスを振り返ってみようと思っただけなのに……トホホ〟。

こんなちょっとしたきっかけで、研修の雰囲気は悪くなり、その後の運営に大きな支障をきたすことになります。何が問題だったのでしょうか。

実は、何か行動を起こさせるために指示を与えるときには、ひとつの原則があります。授業ではもちろん、日常の仕事や活動でも同じことです。指示の4ステップと覚えておきましょう。

指示の4ステップ
1. Why（何のためにするのか）　2. What（何をするのか）
3. How（どのようにするのか）　4. Result（その結果どうなるのか）

ステップ1　Why（目的：何のためにするのか）

特に、何か新しいことや変わったことを指示する場合は、最初に目的を伝えることが大切です。

「自己紹介してください」

「自分の仕事を五つほど紙に書いてください」

などと突然言われて〝素直に〟「はいわかりました」と行動を始める人は、自分なりに目的を理解しているか、理解する・しないは考えず、上の人に言われたことだからとりあえず従っているかのどちらかです。自分なりに理解している場合でも、もしかしたら指示した人とは「二つの理解」になっているかもしれません。

受け手：〝自己紹介してください？〟

（受け手の理解：他人の弱点を見つけてやろう。自分のことは仕事を中心に、あたり障りのないことを言っておこう）

指示者：〝自己紹介してください〟

（指示する人の意味：お互いの特徴や強みなど、よいところを発見して、よいチームを作るために役立ててほしい）

それがあなたの自己紹介に対する目的意識なら、どうすればそれを皆にわかってもらうことができるでしょうか。

簡単なことです。最初にその目的を言えばよいのです。

「さあ皆さん、これからいろんなグループワークをしていきます。グループワーク成功のカギはメンバー同士のチームワークがよくとれていることです。メンバーがお互いに強みを知り合い、喜んで協力し合えるようになるために、まず自己紹介をしていただきます。よろしいでしょうか」

このように、ある活動をしてもらう場合は、最初にはっきりと目的を述べることが大切です。全員に共通の目的意識を持ってもらうことが第1ステップです。

共通の目的意識を持たせ、やる気を高めることが第1ステップ

ステップ2　What（内容：何をするのか）

目的意識ができて意欲が高まったところで、具体的に何をするかを伝えます。

「自己紹介してください。さあ、どうぞ」では、日本人の場合ならほとんど自分のしている仕事の紹介になってしまうことでしょう。今までやってきた成功談をとうとうと話しだすかもしれません。また別の人は、趣味の話題に花を咲かせるかもしれません。せっかく、お互いの強みを知り合い、グループワークに役立てようと思ったのに、あらぬ方向に行きかねないのです。

第2ステップで大切なのは、具体的に何をしてもらいたいかを明確に伝えることです。

「自己紹介では、次の三つのポイントを含んでください。まず第一は自分自身のことです。しっかりと名前をアピールし覚えてもらうこと。次に仕事は何かを少々、そして家族や趣味を紹介していただいてもよいでしょう。ここまではできるだけ短く、一分以内くらいにまとめるとよいでしょう。そして第二のポイントは、ご自分の強みについてです。今日は、グループ討議や発表の機会がたくさんあります。司会をした経験があるとか、人前で話すのが好きだとか、絵を描くのが得意だとか、何か少しでも強みとしてグループワークに役立ちそうなことを一分くらいで話してください。そして第三のポイントは、研修への抱負です。今日、身につけたいと思っていること、期待など自分の目標を一分くらいで述べてください」

何をするのかをはっきりと伝え、全員が共通のイメージを持てるようにしていきます。

第2ステップは、やる内容を具体的にイメージできるように伝えること

ステップ3　How（やり方：どのようにするのか）

そして次はワーク（作業）の進め方です。ここで重要なのは、全体の時間枠をはっきりさせることです。ワークにあてる時間と、それをどのように進めるか手順を明らかにすることです。

「それでは三つのポイントを含めて一人三分間の自己紹介に入ります。各グループ五人メンバーがいらっしゃいますので、三分かける五人で一五分お取りします。一人の持ち時間が三分を超えないように、どなたか時間管理のリーダーになっていただければよいかもしれません。もし、一五分より早く全員の紹介が終わったら、質疑応答・雑談をしていてください。よろしいでしょうか。一人三分で合計一五分の自己紹介タイムです。それではどうぞ始めてください」

こんな感じで、一五分間の時間の使い方をはっきりイメージできるよう手順を説明します。このとき付け加えたい〝指示を成功させるヒント〟は、〝時間・手順は二回繰り返す〟ということです。

〝指示を成功させるヒント〟は〝時間・手順は二回繰り返す〟

人間は、マニュアルでも何でも、一度聞いてスーッとすべて頭に残るというのは難しいものです。一回聞いて理解し、二回聞いて頭の中に定着させる。二回繰り返すことが基本です。

ひょっとしたら一回目の指示をしっかり聞いていない人がいるかもしれません。指示が不明のままグループワークに入り、途中でやり方がわからない人がいることが判明して、クラス全体をストップしなければならなくなったり、間違った方法でワークをしている人がいたりすると大きな時間の損失になります。内容がよくわかったうえでワークをやり始めていた人の時間を奪うことにもなります。

グループワークを始めるときの大原則。全員が、何を・なぜ・どのようにやるかを理解していることです。そのためにも、手順（How）のところは少なくとも二回繰り返すことが必要です。

図2-1　時間・手順の指示は2回繰り返す

(1回目)
1人1分で、
3回読んでください。
(2回目)
いいですか。1人1分で、
3回読んでくださいね。

全員が、何を・なぜ・どのようにやるかを理解していることが指示の大原則

ステップ4　Result（成果：その結果どうなるのか）

ステップ3まで押さえれば、ワークに入ってよいのですが、さらに効果を上げるためには、このステップ4、成果のイメージを伝えることが有効です。すなわち、このワークをして、それで得られる利益を、ありありと目に浮かぶように伝えるのです。

「一五分後、自己紹介が終わったら、五人のメンバーがお互いに仲良くなり、互いに目標を支援したくなるような、ニコニコ楽しく学習するチームができていることでしょう」と成果のイメージを伝えます。そのイメージを心に持ちながら、その結果に向かって全員がワークに集中できるのです。

成果のイメージが明確であれば、それに向かってワークに集中できる

「それでは皆さん、本格的に、今日一日の成果を左右するかもしれない、重要な自己紹介を始めたいと思います。よろしいですか。自己紹介タイム、開始！」という感じで、力強くワーク開

表2-1　指示の4ステップと指示を受ける側・出す側の意識

	指示を受ける側の心の問い	指示を出す側の対応
ステップ1 Why	何でこんなことするの？	ワークの目的や意義を伝えてやる気を引き出す
ステップ2 What	何をするのかな？ 自分にもできるかな？	具体的にやるべき内容を伝えて不明な点をなくす
ステップ3 How	どういう手順で進めたらいいのだろう？ メンバーとうまく協力できるだろうか？	時間配分と手順を明確にし、二回繰り返すことで全員に周知徹底する
ステップ4 Result	やること・やり方はわかった。このワークを終えたら、どのような変化が起こるのだろう？	目的を達成して得られる利益をイメージできるように訴えることでさらなる意欲を高める

始を宣言しましょう。盛り上がること間違いなしです。

　自己紹介を例にとりましたが、どのような活動でも、個人ワークでも、何かを指示するときには、人間の心理にかなったこの指示の4ステップ（**Why－What－How－Result**）を実践することをお勧めします。ただし、目的がすでに明確であったり、結果も明らかである場合は、WhyとResultは省略することも可能です。しかし、最低限、何をどのようにやるのか（WhatとHow）が明確でなければ、スムーズなワークができるとは思えません。

「何をするか」の前に「なぜするか」を伝える

ポイントの整理

教える側

「何をするか」だけ伝える

「なぜするか」を伝える

教わる側

「何をするか」だけ伝える	「なぜするか」を伝える
できるかどうかを考える	やりたい気持ちが高まる
難しそうならやる気をなくす	難しそうでも挑戦したくなる
そこそこできればいいと思う	自分に満足できるまでやりたい
学びの少ない陳腐な結果	学びの大きい創造的な結果

人は意味あることにエネルギーを使いたいと思うものである。
モノゴトに集中させたければ、それに取り組む意味を与えなければならない。

2 指示を「見える化」せよ

指示の全体像はおおよそつかめたのではないでしょうか。以下の節では、もう少し詳しく受講生との関わり方について考えていきましょう。

ブレーンストーミングを行う場合を例にとってみましょう。ブレーンストーミングとは、短い時間に様々なアイデアをたくさん考えるためのディスカッションの手法です。そのために四つのルールを使って討議を進めるのです。ここでは、受講生はブレーンストーミングそのものは知っていることにしましょう。もちろんルールの確認は必要ですが。テーマは「携帯電話の使い道」とします。

実際に指示をする場面を覗いてみましょう。

討議を活性化するためのウォーミングアップ

① Why

それではみなさん、この後大きな討議を行いますが、その準備として頭を柔らかく活性化させたいと思います。

② What

　そこで、ブレーンストーミングをしてみようと思います。ブレーンストーミングの四つのルールは覚えていますか。まず第一は『**質より量**』です。よい意見、良質な意見を言おうと思わないで、たくさんのアイデア、大量のアイデアを出そうと努めることです。

　では、たくさんのアイデアを出すためにはどうすればよいのでしょうか。第二のルールは『**連想発展**』でした。普通、ディスカッションでは他の人の意見に似たことを言うと沽券（こけん）に関わると思って、できるだけ異なるアイデアを出したくなるものですが、ブレーンストーミングでは、人真似ＯＫ。誰かの意見にかぶさるように、連想し発展させて、よく似たアイデアを出すことを奨励しています。

図 2-2　ブレーンストーミングの 4 つのルール

① 質より量
② 連想発展
③ 奇抜歓迎
④ 批判厳禁

③ How

たとえば、**携帯電話の使い道について、「電話をかける」「メールをする」「スケジュール管理をする」「上司に連絡をする」**など**と出てきたとき「お客様に連絡をする」「家族と連絡をとる」「友達と連絡をとる」……**などとよく似たアイデアが出てきても、「同じようなことを言うなよ」と制止しないで、「いいじゃない」と容認していくというルールです。ただ、まねっこばかりだと広がりがなくなるので、三つ目のルールが大切です。『奇抜歓迎』です。**「ペーパーウエイトの代わりに使う」「投げて凶器として使う」「宇宙人との交流」**などと、突飛なアイデアを歓迎するのです。そして、誰がまねっこしても、奇抜なアイデアを出しても、決して非難しない『**批判厳禁**』が四つ目のルールでした。

ひとつのアイデアを一枚の付箋紙に書いて声をだして読みながら、テーブルの真ん中に置きます。いいですか、**ちょっとやってみましょう。（実際に付箋紙にアイデアを書いて、読みながらテーブルに置く）〝友達にメールする〞〝宇宙人にメールする〞……**。いかがでしょうか。やり方がわかりましたか。

それでは、できればひとり一〇枚位はアイデアを出していただきたい。四人のグループですから、四〇枚をノルマ（最低目標）としましょう。三分間で一グループ最低四〇枚の付箋紙が出ることを目指しましょう。もちろん五〇、六〇枚と多ければ多いほどいいです。では、三分間で四〇枚を目指し、付箋紙をテーブルの真ん中に張っていってください。やり方は大丈夫ですか。質問はありませんか。

④ Result

一番付箋紙の数が多かったグループには、優勝のご褒美をさしあげます。皆でアイデアがどんどん出てくる楽しさを味わっていただければ幸いです。それでは、よーい、はじめ！

おそらく、このブレーンストーミングは活気にあふれ、各グループともノルマをはるかに超えて多くのアイデアが出されたことでしょう。なぜでしょうか。まず、前の節で説明した、Why－What－How－Resultの項目がしっかり入っているということです。また、時間や手順がちゃんと二回繰り返されていました。基本が守られていることが大前提です。

さて、上記の指示の中で、ちょっと新しい試みがなされていました。ひとつは太字の部分です。これを『**例示**』といいます。

実際に受講生が発言すると思われる表現をいくつか示すことによって、受講生が的外れで、趣旨に外れたことを言って演習の効果を上げられないようになることを防ぎます。

自己紹介の例でも例示をしました。名前、仕事、自分の強みと弱点、研修への抱負など、講師が自分の例を述べることで受講生のみんなが必要な情報を得ることができるのです。さもないと、ある人は仕事の紹介ばかりで自分の強みなどを紹介することを忘れるかもしれません。また、ある人は自分の弱点ばかりを話し落ち込んでしまうかもしれません。誰もが期待される行動を自然に取れるように、さりげなく講師から例を示すことが例示の目的です。

指示：演習すべきことをわかりやすく説明すること。手順やそれぞれの行動に使う時間配分などを明確に伝える。

例示：演習の中で受講生が発言するべき内容を、明示的に、あるいはそれとなく例として与えること。

演示：演習で受講生が取るべき行動がイメージしにくいとき、講師が必要に応じて受講生と一緒に、その行動を演じて見せること。

もうひとつ傍線を引いた部分に注目してください。これを『**演示**』といいます。受講生が発言すべきことをそれとなく例として示すことを例示といいましたが、例示だけではまだイメージが湧かないとき、あるいは、新たな行動をしてもらわなければならないが、それが言葉の説明だけでは十分理解できないときなどは、講師自らが期待される言動を演じて見せることで、受講生が演習実施のときに困惑したり、期待はずれの行動をしたりすることを防ぐことができます。

「それではA、Bペアになって、ロールプレイをしてください」と言われても、ロールプレイというものを体験したことがない受講生だと、与えられたケースを読んでもどのように振舞ってよいかイメージが湧かないかもしれません。「それでは、ペアを作り、一方がAさん、もう一方がBさんの役を演じます。このサンプルケースを見てください。（目の前の受講生をひとり相手役としてお願いして）山田さんがA、私がBの役だとします。Bの私が『この問題の解き方はどうすればいいですか』と声をかけます。そうするとAさんはどう答えますか。やってみましょう。

『Aさん、この問題の解き方はどうすればいいですか』

『はいBさん、私なら○○のように考えます』

『なるほど、そういう考え方ですね』

というように次々に問題の解き方を聞いて、聞かれたほうは自分なりの考えを答えていきます。山田さんありがとうございました。それでは、みなさん、A、Bのペアになって、ケースを使って、約三分程度でロールプレイをお願いします。どうぞ」

というような指示の仕方を『演示』というのです。

指示、**例示**、**演示**を正確に実行できれば、受講生は戸惑うことなく期待された演習をしてくれることでしょう。演習の前に、少し時間がかかっても受講生全員が「**何をするのか**」、「**なぜするのか**」、「**どのようにするのか**」をはっきりと理解し、自信を持って演習に取り組めるように支援するのが講師の役目です。

講師の役目は、受講生が自信を持って演習を取り組めるように支援すること

三つの指示〔まとめ〕

①指示

明確な指示のテクニック

（i）やるべきことだけでなくなぜやるかを伝える。
（ii）あいまいな表現を避け、要点を具体的に伝える。
（iii）所要時間をはっきり告げる。
（iv）時間を含む指示を二回繰り返す。

視覚に訴える（フリップ、パワーポイントのスライドなど）

②例示

受講生の活動が教える側の思惑からはずれないように、例を与える。

（i）作業の一部を例として与える。
（ii）講師の例や前例などをサンプルとして与える。
（iii）視覚的にわかりやすい例を与える。

③演示

受講生にとって未経験の活動を指示する場合は、口頭による例だけでなく、実際に演じて見せることが有効。

（ｉ）模範を見せる。

（ii）繰り返し行動して見せ、パターンとして理解できるようにする。

（iii）ビデオや視覚補助を示して説明する。

指示を「見える化」せよ

ポイントの整理

	「概念だけ」の指示	「見える化」された指示
教える側		
教わる側	具体的にすることがわからないので不安	具体的にすることが目に浮かぶので安心
	自分の憶測で動く	メンバーとイメージを共有して動く
	メンバー間で思惑が異なり作業が調和しない	メンバー間の協力が得やすく作業が順調に進む
	学びが少なく、不完全燃焼	学びが大きく、完全燃焼

見えるものはわかる。見えないものはわからない。わからないものに取り組んでも、うまく協力関係ができないのは当然のことだ。

3 指示は一回では伝わらない

第1節で述べたように、お釈迦様でもない限り、初めてのことを一回だけ聞いてすべてを悟る（理解する）ことは難しいことです。通常人間は、一回聞いて理解し、二回聞いて初めて頭の中に定着させるのです。二回繰り返すことが基本です。

もしかしたら一回目の指示で理解した人もいるかもしれません。その人たちは、二回同じことを言われたらうるさいと感じるかもしれません。ただ、考えてみてください。少数であっても、指示をしっかり聞いていない人や聞いたけれども内容が十分理解できていない人がいたとしたらどうでしょう。その人たちを巻き込んだままグループワークに入り、途中でやり方がわからない人がいることが判明して、クラス全体をストップしなければならなくなったら学習者全体の時間の損失になります。結果的に、内容がよくわかって正しくワークをやり始めていた人の時間をも奪うことになります。

職場のリーダーのYさんが新入社員に接客の仕方を教えている現場を覗いてみましょう。

リーダー「接客は心をこめて対応することが大切だということがわかりましたね。それでは、実際にお客様が窓口にいらっしゃったときにどのようにお迎えしたらいいか、ロールプレイで練習してみましょう。二人一組になって、一方がお客様役、もう一方が接客係となり、対話をしてみてください。一〇分位でお願いします。ではどうぞ」

Aさんと Bさんのペアは、さっそくワークを始めました。

Aさん「じゃあBさん、あなたがお客様になってよ。私が接客係をするから」

Bさん「OK。では始めるよ。〝あのー、ちょっといいですか?〟」

Aさん「あっ、いらっしゃいませ。どうぞ何でも聞いてください」

Bさん「それって、変じゃない? 〝あっ〟はいらないよ。それに、まずおかけくださいとか、座るように言うほうがいいんじゃない?……」

Aさんと Bさんは、接客の一部をやってみて、その都度やり方のよし悪しを話し合っています。

Cさんと Dさんのペアも何か始めています。

Cさん「たとえばさ、初めて来られたお客様にはどのように声をかければいいの?」

Dさん「当然、〝いらっしゃいませ〟じゃないの?」

Cさん「誰にでも同じように〝いらっしゃいませ〟では、心がこもったように感じないってさっきリーダーが言ってたじゃん……」

Cさんと Dさんは、接客の場面について話し合っています。

EさんとFさんのペアです。
Eさん「じゃ、最初に私がお客様役になるね。初めて窓口を訪問したということでいくよ」
Fさん「OK。じゃ私は接客係だ。心をこめるという点に注意しながら接客するから、後でどこがよかったか、まずかったか教えてね」
Eさん「〃あのー、すみませんが……〃」
Fさん「〃いらっしゃいませ。よろしければ、どうぞこちらにおかけくださいませ〃」
Eさん「〃どうも、ありがとうございます。一度お伺いして聞いてみようと思っていたんですけどね……〃」
Fさん「〃はい、喜んでお調べいたしますよ〃……」
EさんとFさんのペアは、二、三分で接客現場を再現し、対話を終了した後、お互いにどこがよかったかを振り返っています。

その間、AさんとBさんは、実際の対話を少しやっては話し合い、また少しやっては話し合い、一連の流れで接客の実演にはなっていません。

CさんとDさんは、ああでもないこうでもないとずっと話し合ってばかりで、実際の対話を行う気配はありません。

リーダーのYさんは、みんながバラバラのことをしているので困ってしまい、一旦大きな声でワークを止めます。

リーダー「みなさーん！　ちょっと止めてください。今はロールプレイをしていただきたいので、おしゃべりじゃないですよ。お互いがお客様役と接客係になって対話をするのですよ。その後、振り返りをしてください」

CさんとDさん「えっ、先に対話してから話し合うの？　でもさ……」

やれやれ困りましたね。統一感のない全体ワークになってしまいました。一体これはできの悪い新入社員のせいなのでしょうか。いえいえそうではありません。指示が不明瞭だっただけなのです。どこが不明瞭だったでしょうか。

そうです。やり方の指示は、少なくとも二回繰り返すこと。ややこしそうな内容であれば、指示だけでなく「演示」も活用すること。指示が終わったら、皆やることが理解できているかを確認することが大切です。

> **指示は二回繰り返す**
> **ややこしいときは「演示」も活用する**
> **指示が終わったら理解されたかどうか確認する**

もう一度、リーダーのYさんの指示を見てみましょう。こんどは正しい指示の仕方を身につけたはずです。

リーダー「接客は心をこめて対応することが大切だという考え方はわかりましたね。それでは、実際にお客様が窓口にいらっしゃったときにどのようにお迎えしたらいいか、ロールプレイで練習してみましょう。みなさんロールプレイというのはどのようにするかおわかりですか？　前に一度練習したことがありますよね。

まず二人一組のペアをつくりましょう。はい、一〇秒位でペアを作ってください。

（一〇秒ほど経過）

よろしいですね。皆さんお相手はいますか？　では、まず一方がお客様役、もう一方が接客係となります。どちらが先にお客様役をやるか決めてください。一〇秒くらいでお願いします。

（一〇秒ほど経過）

いいですね。それではペアで実際の接客場面の対話をしていただきます。たとえば、Aさんがお客様で、私が接客係だとしますね。するとまずAさんから声をかけます。Aさん、ちょっと声をかけてみてください」

Aさん「〝あのー、すみませんが。ちょっと教えていただけますか？〟」

すると接客係の私が答えます。

リーダー「〝いらっしゃいませ。毎度ありがとうございます。どうぞこちらにおかけください……〟（演示）というように、実際にそこにいるように会話を続けてください。たとえ対話がうまく進まなくても途中で止まらず、会話を通して回復するようにしましょう。

ロールプレイは、接客の最初の部分三〜五分程度で結構です。会話が終わったら、ペアでどこがよかったか、物足りなかったかを振り返ってください。四、五分間の振り返りで、接客係のよかった点と改善点を三つづつくらい書き出してテキストの二〇ページにメモしてください。後で何人かに聞いてみたいと思います。合計で一〇分位です。

よろしいですか。ペアで接客係とお客様役になり、三分から五分間、実際の接客会話を行う。その後、役割をはずれて四、五分間客観的に振り返りを行う。接客係のよい点・改善点をテキストの二〇ページに書き込む。合計で一〇分間取ります。今日習った接客の心得を意識しながら、このような接客なされてみたいというようなロールプレイになるよう頑張ってください。

（指示の繰り返し、成果のイメージを伝える）

みなさんやり方はわかりましたか？　やり方が不明な人はいませんか？　一班の皆さんOKですか？　二班は？　三班もいいですか？

（理解の確認）

では、一〇分間で第一回目のロールプレイを行います。よろしいですか。お客様から声をかけます。よーい、スタート！」

いかがでしょうか。これならきっとみんな一斉に接客場面のロールプレイを行うこと間違いないでしょう。指示とは、受講生がなすべきことができるように導くことです。決して〃うまくできなかった〃という後悔や、〃どうやってよいのかわからない〃というような不安を与えるものではありません。ましてや、教える側のプライドを前面に出し〃どうだ難しいだろう。だから私の言うことをよく聞きなさい〃というような威圧感を与えるためでもありません。

受講生が成功体験を積めるよう、できるだけ事前にやるべきことをわかりやすく、全員に周知することが目的です。

指示は二回繰り返す。その意味を理解していただければありがたく思います。

指示は1回では伝わらない

ポイントの整理

教える側

1回だけの指示
(伝わったつもり)

▼

指示を2回繰り返す
(伝わったことを確認)

▼

教わる側

1回だけの指示	指示を2回繰り返す
聞きそこなった、または理解が不十分 でも確かめるのは恥ずかしい	聞きそこない、理解不足も解消 理解できている場合も、他の人の助けになれば自分にもよい
取りあえず 自分の理解で進める	メンバー全員の 歩調が合う
メンバー間の 食い違いが起こる	メンバーの 共通理解で進める
互いに足を引っぱり 学びが少ない	互いに協力し合い 学びが大きい

一度聞いて100%理解できることはめったにない。教える立場に立ったものは、学ぶ立場であったときのことを思い出そう。大切なことは2回繰り返されてはじめて大切だと意識できる。

4 みんな一緒の指示でいいのか

受講者の全員が何をすべきかが理解できた状態でワークに入ることの大切さはおわかりいただけたでしょうか。指導者として、受講生が「私にできる」と確信してからワークに入るというのが基本です。

皆が「できる」と思うことは大切ですが、何人も相手がいれば、当然のことながら〝かなり難しいと感じる人〟と〝かなりやさしいと感じる人〟がでてくることでしょう。世にいう〝落ちこぼれ〟と〝浮きこぼれ〟です。

前節までお話しした「指示・例示・演示」や「指示を二回繰り返す」手法は、どちらかというと〝落ちこぼれ〟をなくすための方法でした。では、よくできる人たちが時間をもてあましたり、つまらなく感じたりするのを防ぐための〝浮きこぼれ〟対策はどうすればよいでしょうか。

ここでは、「**段階的指示**（Graded Tasks）」という考え方をご紹介します。

先のリーダーYさんの例をもう一度見てみましょう。

リーダー「接客は心をこめて対応することが大切だという考え方はわかりましたね。それでは、実際にお客様が窓口にいらっしゃったときにどのようにお迎えしたらいいか、ロールプレイで練習してみましょう。みなさんロールプレイというのはどのようにするかおわかりですか？　前に一度練習したことがありますよね。

まず二人一組のペアをつくりましょう。はい、一〇秒くらいでペアを作ってください。

（一〇秒ほど経過）

よろしいですね。皆さんお相手はいますか？　では、まず一方がお客様役、もう一方が接客係となります。どちらが先にお客様役をやるか決めてください。一〇秒位でお願いします。

（一〇秒ほど経過）

いいですね。それではペアで実際の接客場面の対話をしていただきます。たとえば、Aさんがお客様で、私が接客係だとしますね。するとまずAさんから声をかけます。Aさん、ちょっと声をかけてみてください」

Aさん「〝あのー、すみませんが。ちょっと教えていただけますか？〟」

するとと接客係の私が答えます。

リーダー「〝いらっしゃいませ。毎度ありがとうございます。どうぞこちらにおかけください……〟（演示）というように、実際にそこにいるように会話を続けてください。たとえ対話がうまく進まなくても途中で止まらず、会話を通して回復するようにしましょう。

ロールプレイは、接客の最初の部分三～五分程度で結構です。会話が終わったら、ペアでどこがよかったか、物足りなかったかを振り返ってください。四、五分間の振り返りで、接客係のよかった点と改善点を三つづつくらい書き出してテキストの二〇ページにメモしてください。後で何人かに聞いてみたいと思います。合計で一〇分位です。

よろしいですか。ペアで接客係とお客様役になり、三分から五分間、実際の接客会話を行う。その後、役割をはずれて四、五分間客観的に振り返りを行う。接客係のよい点・改善点をテキストの二〇ページに書き込む。合計で一〇分間取ります。今日習った接客の心得を意識しながら、このような接客なら満足されてみたいというようなロールプレイになるよう頑張ってくださいね。

（指示の繰り返し、成果のイメージを伝える）

皆さんやり方はわかりましたか？　やり方が不明な人はいませんか？　一班の皆さんOKですか？　二班は？　三班もいいですか？」

（理解の確認）

＊ここまでは先ほどと同じでよろしいです。みんなが何をするか、なぜするか、どのようにするかが理解できています。でも、とてもよくできる受講生、早くできる受講生は物足りなく思うかもしれません。そこで「段階的指示」にトライ！

リーダー「**早くロールプレイが終わったペアは、テキスト○○ページの『接客の基本』に照らし合わせ、さらによくするための自分なりの工夫を考えてください。独自の工夫がみつかればよいですね。**

では、一〇分間で第一回目のロールプレイを行います。よろしいですか。お客様から声をかけます。よーい、スタート！」

この傍線を引いたの部分のことを「段階的指示」というのです。すなわち、全員がすべきことを明確にした後、もし時間が余ったり、物足りない場合はオプション（選択肢）としてできる発展的な仕事を事前に指示しておくわけです。

「段階的指示」とは、時間に余裕がある人向けに与える発展的な仕事のことをいう

大切なことは、全員に強制するのではなく、あくまでも余裕がある人が暇ですることがない状態を作らないための対策なのです。教材を作成するときから「発展学習」などという項目を設けて、意欲のある人、余裕のある人が取り組める素材を用意することもありますが、レベルの異なる受講生が交じっているとわかったときなどに指示の仕方で対応することもできるのです。

「段階的指示」の例として私がよく使うものをいくつかご紹介しましょう。

◆一斉にテキストなどを（黙読で）読んでもらうとき

それでは、三分くらい取りますので、○○ページから△△ページまで読んでください。重要だと思うところに下線を引きながら読むといいかもしれません。**もし、早く読めた方は、論点を三つに絞るとすれば何と何と何か、抜き出してノートに書いてみてください。**よろしいですか、それではどうぞ読み始めてください。

＊浮きこぼれ対策

関連した別作業を与える。

◆グループで発表資料の作成を指示するとき

それでは、一五分間取りますので、グループでこの課題に対する回答をホワイトボードにまとめてください。リーダーを決めて、時間内にアウトプットがまとまるように工夫してくださいね。できあがったら各グループ二分程度で発表していただきます。リーダーの方は発表者を決めておいてください。**もし、アウトプットが早くまとまったグループは、この課題に似たケースが自分たちの仕事の中にないかどうか話し合ってください。自分たちの仕事に関連させて課題を見直すようにしてみましょう。**よろしいでしょうか。それでは一五分間で、グループとしてのアウトプットがまとまるよう、リーダーさんよろしくお願いします。始めてください。

＊浮きこぼれ対策

自分たちの身近なことに関連させる。

◆自己変革の目標作成などを考え記入してもらうとき（研修などの最後で）

それでは、今回の学びを活用して、自分自身をどう変えていくのか「自己変革の目標」を書いてください。二つか三つくらいで結構ですから、具体的に明日からすぐに取り組むべき目標を書いてくださいね。一〇分位差し上げますのでよく考えて、本当にやることを書いてください。**もし、早く書けたら、その目標を実行している自分の姿を想像してみてください。イメージングといいます。いつどこで誰とそれを行っているか。ありありと目に浮かぶようなら実行可能だと思います。もししっかり目に浮かばないようなら、何か具体性が欠けているのかもしれないので、もう一度その目標を見直しより具体的に書くように努めてください。**よろしいでしょうか。それでは一〇分間で自己変革の具体的な目標を記入する作業に入ります。では始めてください。

＊浮きこぼれ対策

時間が許す限りイメージングの機会を与える。目標の精度を上げる作業を与える。

いかがでしょうか。一言「段階的指示」を与えるだけで、早く終わった人たちが手持ち無沙汰にならず、全員が与えられた時間の中で何かしら知的活動をしていること。時間がかかる人は、

「段階的指示」の部分はしなくてもよいので、あせらず標準的作業をこなせばよいという安心感をもって取り組めるのです。

みんな一緒の指示でいいのか

ポイントの整理

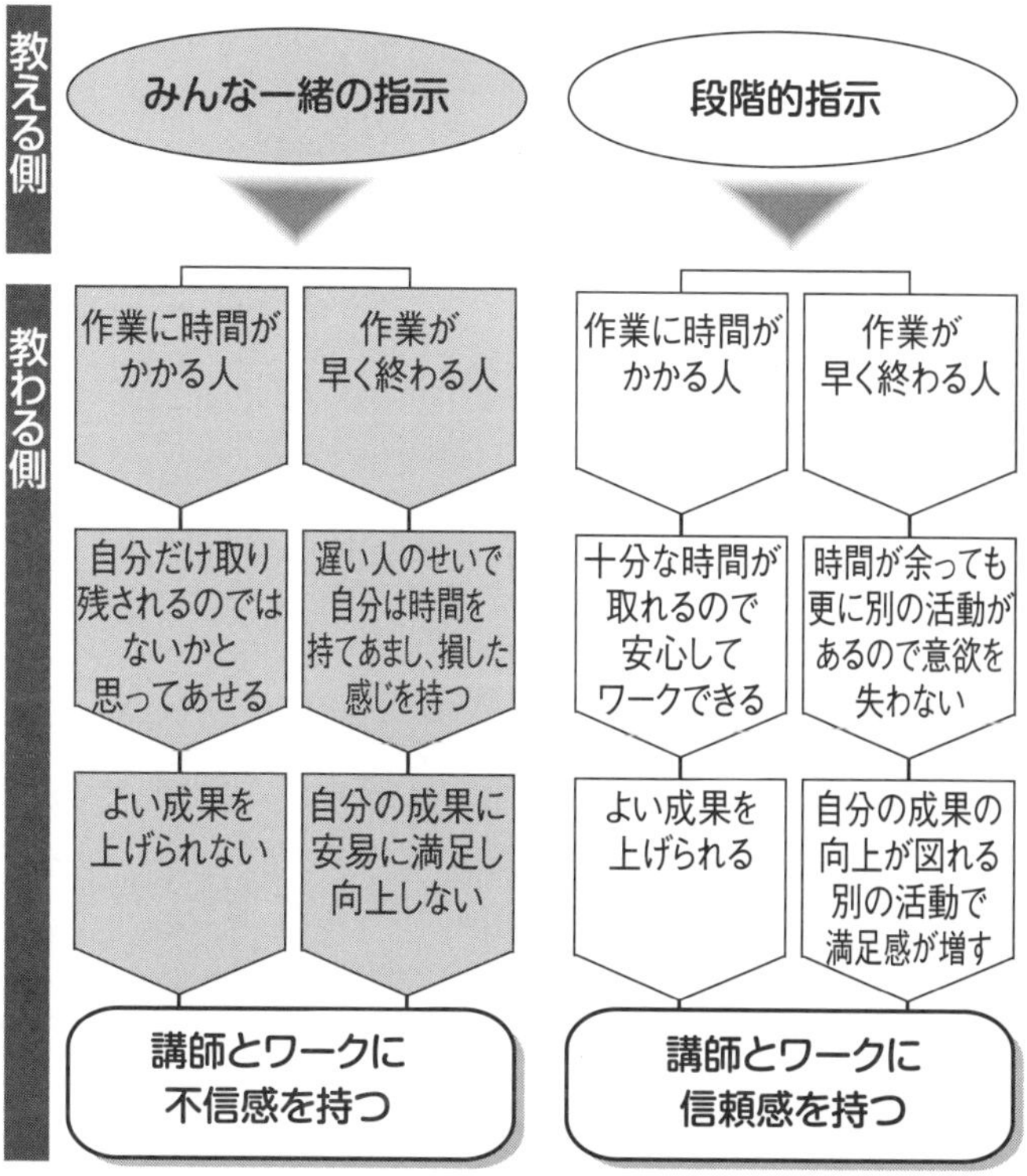
教える側
教わる側
みんな一緒の指示
段階的指示
作業に時間がかかる人
作業が早く終わる人
自分だけ取り残されるのではないかと思ってあせる
遅い人のせいで自分は時間を持てあまし、損した感じを持つ
よい成果を上げられない
自分の成果に安易に満足し向上しない
講師とワークに不信感を持つ
作業に時間がかかる人
作業が早く終わる人
十分な時間が取れるので安心してワークできる
時間が余っても更に別の活動があるので意欲を失わない
よい成果を上げられる
自分の成果の向上が図れる別の活動で満足感が増す
講師とワークに信頼感を持つ

人はみな得意不得意があり、作業のペースも異なる。教える立場に立つものは、遅れる人にも、早すぎる人にも対応できる段階的指示を心がけねばならない。

5 説明するより質問せよ

教える立場にある者は、これまで見てきたように指示を与えてワークをさせる場面だけではなく、あるまとまりのある講義をしなければならないときもあります。ところがどうでしょう。現代の学習者の多くは、二〇分も三〇分もじっと話を聞くことにあまり慣れていないように見受けられます。持久力が落ちてきたのか、やる気がないのか……。

いや、ちょっと待ってください。第1章で「二つの理解」という観点を学びました。受講生にやる気がないと見るのは教える側の見方ですが、受講者側から見れば、教え方に魅力がないのかもしれません。だって、すぐにコックリを決め込む受講生も、面白い映画なら二時間目を見開いて興味を持って観ています。

〝ちょっと待ってください、荒巻さん。私たちは映画俳優ではないのですから、そんなに魅力的な講義はできませんよ。それに講義の内容は、エンタテイメントじゃないのだから、そもそも面白いものではありません〟という講師の声が聞こえてきそうです。

たしかに、講義を面白おかしい話に変えてするなんて無理かもしれません。それでも、講義を興味深くするのは教える側の役目だと思うのです。そこでこの節では、どうすれば講義を興味深く聞かせることができるのか、誰でもできる秘密をお教えしましょう。

その前に、まず次の講義を聞いてみてください。

◆仕事において自ら問題意識を持つことの大切さについて

仕事を与えられると、ただ深く考えることもなく作業を始める人が多いものです。もし、上司の命令が法律に反していたとしても、会社のためなら目をつぶって作業をしてしまうのです。このような姿勢は大変危険なことです。もちろん上司の命令に従うことは重要ですが、盲目的に従えばよいというものでもありません。自分なりに問題意識を持ち、世間の常識や法律、または自らの良心に反していると感じたなら、勇気をもって上司に対し質問してください。食ってかかって反論するというより、理性的に落ち着いて質問することが大切です。もし、上司が聞いてくれないようなら、同僚や別の先輩と一緒に質問に行けばよいかもしれません。いずれにしても、自らが問題意識をもって仕事に臨むことが大切です。

いかがでしたか。熱心なあなたなら、聴きながら〝そうか、そうなんだ〟と食いついてきたかもしれません。しかし、まだ仕事とは何か、なぜ仕事をするのかなどに興味のない社員だったら、直接作業内容に関することではない精神論だから、聞き流すか目を開けたまま寝てしまうかもしれません。

そこで、講義を聴いてもらうための秘密兵器が必要になります。それは、簡単な武器なのですが、質問をすることなのです。質問で講義を進めるのです。質問されたら人は考えるものなのです。講義を受身で聞くのではなく、教える側と一緒になって考えながら論を進める、という形式にしたいのです。そうすれば、寝てる暇なんかなくなるはずです。

人は質問されると考えるものである

では、前述の講義と質問を使って進めてみましょう。

◆仕事において自ら問題意識を持つことの大切さについて

みなさん、**上司から仕事を与えられると、どのように反応しますか？　仕事は辛いからいやだって反抗しますか？**　もちろん、そんなことはないですよね。素直に〝わかりました。

やってみます〟と言って積極的に取り組むでしょう。いいですね。**もしその仕事が、〝法律で禁止されている薬物を食品加工工程に入れろ〟というものだったらどうですか？**〝はい〟と言って従いますか？〝法律では禁止されているが人体に大きな影響があるわけではない。これを使えば我が社にとって利益が上がるのだ。会社のため、あなたに給料を払うためにもそうしなさい〟と言われたらどうでしょう。**〝わかりました〟と言って指示通り作業に入るでしょうか？　上司の命令が法律に反していたとしても、会社のためなら目をつぶって作業をしていくことが正しいことでしょうか？**　このような姿勢は大変危険なことです。**なぜ危険なのでしょうか？**　自分が首になるから危険というのではないですよね。もちろん上司の命令に従うことは重要ですが、盲目的に従えばよいというものでもありません。もし会社が反社会的な行動で倒産したりすれば、自分ひとりではなく社員全員、いやその家族も路頭に迷いますよ。**では、どのように対応したらいいのでしょうか？**　私は、社員一人ひとりが日頃から自分なりに問題意識を持ち、世間の常識や法律、または自らの良心に反していると感じたなら、勇気をもって上司に対し質問すべきだと思うのです。**皆さんはどう思いますか？**　食って掛かって反論せよと言っているのではなく、理性的に落ち着いて質問することが大切です。**でももし、上司が聞いてくれない場合はどうすればよいでしょうか？**　そんなときは、同僚や別の先輩と一緒に質問に行けばよいかもしれません。**さて、ここで私が皆さんに強調したかったことを一言でまとめるとどういうことでしょうか？**　それは、どんな状況においても、自らが問題意識を持って仕事に臨むべきだ、ということなのです。

いかがでしょうか？

まるで受講生と会話をしているようです。一対一で会話をしているときに居眠りする人はめったにいないでしょう。講義でも、会話のように聞き手を巻き込んで進めていけば、まず居眠りする人はいません。

人は会話中に居眠りしたりはしないものである　したがって、講義も会話にすれば聞いてもらえる

そうです。受講生の質が悪いのではなく、講義の内容がつまらないのでもなく、講義を楽しく聞いてもらうための質問がなかっただけなのです。

「説明するより質問せよ」の効用をおわかりいただけたでしょうか。

（これも質問です）

説明するより質問せよ

ポイントの整理

教える側

一方的な講義	質問を使った説明
▼	▼

教わる側

一方的な講義	質問を使った説明
内容に興味がなければ聞きたくない	質問されれば考える
聞きたくなければ興味をなくす	考えれば内容に興味が湧く
興味がなければ眠たくなる	興味が湧くと目が輝く
 学ぶことなく熟睡	 学びが多く自信が湧く

だれでも一方的な話を聞くのは辛いもの。
聞いてくれないのは、聞きたくないのではなく、
聞いてもらえるような話し方をしていないからだと
心得よ。

6 質問の前に発問あり

質問の威力がおわかりいただけたところで、もう少し「質問」そのものについて学んでみましょう。

質問によく似ていますが、「発問」という言葉があります。ちょっと専門的ですが覚えていただくと便利です。

質問は、基本的には答えを知りたいので問うのですが、発問というのは、問う人は答えを知っているのですが、相手がそれをわかっているかどうか、知っているかどうかを確かめるために問う質問のことをいいます。「確認質問」と呼んでもよいでしょう。

研修のはじめに、講師が「今日の研修のねらいは何でしょうか?」と質問して、受講生が「あれ、講師の先生は今日の研修のねらいを知らないんだ」と思うことはないでしょう。このように「今日の研修のねらいは○○です」と言う代わりに、質問形式で受講生に興味を持たせ、考えさせるのが目的です。

前節の「説明するより質問せよ」がうまくいくのも、答えを知りたい質問だけでなく、教える側が答えを知っているものについて、相手の認識を確認したり、考えを促したりするために発問をうまく活用できるからです。

発問とは、答えを要求するというよりは、考えを促したり、わかっているはずのことを確認したりするために働きかける技術である

それでは、もう少し具体的に発問のテクニックを見てみましょう。

発問は具体的な目的により、三つの種類があります。

発問の種類

①課題発問

これは、今やろうとしていることに対して好奇心を喚起したり、これから学習すべきことが何かを明確にさせたりするときに使います。

「〇〇は、なぜ必要なのでしょうか？」

「何がわかれば、この問題の本質を把握することができるでしょうか？」

②揺さぶり発問

これは、思考を広げたり深めたりするときや、考えた内容をまとめたり整理したりするときに使うものです。

「その答えだけで十分でしょうか?」

「それを実行するのに、他の方法は考えられませんか?」

「まとめて言うと、どんなことですか?」

③評価発問

これは、相手の既存知識や今扱っている内容についてどのくらいの認識を持っているかを診断するとき、または学習した内容の定着度を確認するとき、あるいは学習内容を具体的な場面でどの程度応用できるかなどを診断するときに有効です。

「皆さんは、〇〇という言葉にどんなイメージをお持ちですか?」

「〇〇についての三つの基本要件は何だったでしょうか?」

「ここで学んだことを現場で活かすための具体的な方法にはどのようなものがありますか?」

このように、一方的に伝えるのではなく、相手に質問を投げかけることで興味を引きつけ、意欲を高めていけるのです。


ここで、質問の仕方について、もう少し詳しくお話ししましょう。

そもそもなぜ質問をするのでしょうか。知りたい答えを得るためだけではありません。質問をすることによって、意識的に教育効果を上げられるから行うのです。また、受講生の気持ちをしっかり受け止め、全員の考えや感じ方を知るためにも質問は大変重要な役割を果たします。

質問の主な目的

①興味を刺激し、持続させる

開始を確認したり、進行を促したりします。

「次に行っていいですか?」

②受講生の思考を刺激する

自ら答えを考えさせます。ときに挑発的な質問をします。

「本当にそう思われるのですか?」

③評価・要約する

全体の理解度の確認をします。課題・活動の目的を理解しているかチェックします。

「ここまでのところで、○○について△△と考える人はいますか?」

④話し合いを始めたり、全体に周知させたりする

全員に平等に参加機会があることを周知させます。

「どなたでも結構ですが、疑問点がある人はおられませんか?」

⑤受講生の参加を促す

個人的に質問を投げかけます。答えるのに時間の余裕を持ちます。感謝の気持ちで答えを受け取るが、安易な同調や批判はしないようにします。

「なるほど、そういう風に思われたのですか。その理由は何ですか?」

⑥受講生の態度を判定する

参加の度合い、理解の質を判定するのに使います。

◎説明させる　◎要点を挙げさせる　◎定義させる　◎比較させる　◎追跡させる

⑦テーマを発展させる

質問する側は、自分の質問が学習目標に合った質問か、戦略を持って質問しているか、知っていることから知らないことへと誘導しているか、簡単なことから難しいことへと導いているか、などを自らに問いながら質問しなければなりません。

答えを知りたいからといって、相手が答えられない質問をしては意味がありません。簡単に答えられることからはじめ、十分答えられるようなら少しずつ難しくしていき、考える意欲を高めていくなどの配慮は必要でしょう。

受講生の学習意欲が高ければ、質問も活発に行えます。講師としては、受講生の参画意識を高めるためにも、一方的な講義を控えて、様々な質問や発問を工夫しなければなりません。

効果的な質問の特徴は、①目的を持って質問する。②簡潔なことばで聞く。③聞いてしかるべきことを聞く。教える側のエゴや興味本位に、内容と関連性の低い質問をしたなら、正当性を欠いていいるといわざるを得ません。また、④相手の意欲が高まるように挑発したり意識を喚起する質問もよい質問です。そして、⑤いくつかの質問が、あちらにフラフラこちらにフラフラとならないように、常に焦点が絞られた質問もよい質問の特徴です。

では、受講生が答えてくれたときに、講師としてはどのような姿勢が必要でしょうか。優れた聞き手の条件を考えてみましょう。

優れた聞き手の条件

①口出しをしないで最後まで聞く。
②聞く時間をしっかりとる覚悟で聞く。
③反応までの時間を急がない、回答をあせらせない。
④評価的でなく受け止める。(否定的でも、同調的でもなく、「～ということですね」というような受け止め方をする)
⑤回答者の意図を汲み取るよう努力する。早計に解釈や評価をくださない。
⑥言葉少ない回答でも、行間を聴き取るよう努める。
⑦回答者が複数いる場合は、皆に公平に時間を与える。
⑧聞いているときは、よそ見をしたりせず、話し手に注意を集中する。
⑨大袈裟な反応をしない。茶化したりしない。

さあ、かなり質問の達人になったような気がしてきました。

もうひとつ相手が複数人いるときの質問の手法について解説しましょう。相手が答えやすくなるように、いくつかのテクニックを活用してみてください。

質問テクニック

①指名質問

特定の人物を名指しで質問します。

「○○さん、どう思いますか？」

②全体質問

クラス全体に向かって、誰でも答えられるような質問をします。

「皆さん、この件について賛成の方はいらっしゃいますか？」

「さて、この問題についてはどう考えればよいのでしょうか？」

このように全体に投げかけておいてから、個人を名指しして質問するほうが効果的です。最初から個人を名指しして質問すると、他の人たちが考えない可能性があります。全体に投げかけて、自分に当たるかもしれないからと皆が考える時間を数秒とって、それから個人を名指ししましょう。

③ブーメラン質問

相手が質問してきたとき、質問者自身が自分で考えてみるべきだと思ったときや、質問者の意図が不明確なときに、本人に質問を返します。

「(質問者に対して) あなたはどうお考えですか?」

「その件について、もう少し詳しく意図をお聞かせいただけますか?」

④リレー質問

質問者に対してブーメランするのではなく、質問者の質問を別の人に聞いてみるように促します。

「ちょっと△△さんに聞いてみてください」


ここで、講師として陥りやすい、してはいけないタイプの質問についてまとめてみましょう。

してはいけない質問

①ひっかけ質問

わざと間違うようにひっかけるような質問です。

「北の京と書くと北京(ペキン)、南の京と書くと南京(ナンキン)。では東の京と書くと何と読むでしょか? 相手:トンキン。講師:いいえ。トウキョウです」

ま、こんなのはジョークとしてはOKでしょう。

②無関係な質問

今学んでいることと関係ない質問をすると、相手はなぜそんな質問をするのか戸惑って、注意が散漫になります。

チームワークの話をしているときに、突然〝ところで、株価はまだ下がるのでしょうかね〟など聞く。

③誘導質問

恣意的にある方向へ答えを誘導することです。

「○○さんと食事をしたことがありますか?」

「そのときは、あなたから誘ったのですか?」

「あなたは、○○さんの上司ですか?」

「ということは、ポジションを利用して食事を強要したと考えられますね」

④大きすぎる質問

関連性はあるが、大きすぎて焦点が絞れないような質問。

「この商品の売りは、ボタンのつけ方がユニークだということですね。では、このようなボタンのつけ方にした時代背景は何でしょうか?」

⑤あいまいな質問

とらえどころのない、あいまいな聞き方。

「△△さんは、このところまあまあらしいですが、いかがですか?」

質問の形としては、一般的に二つの形があります。

質問の形

①オープン質問

意見や興味を引き出したい、関心を持たせたい、引きつけたいときなどに使います。5W2Hを使った質問が代表的です。


「次は何をすればいいでしょうか?」

「どこに行くのがよいでしょうか?」

「誰と会えばよいですか?」

「日本で一番高い山はどれですか?」

②クローズド質問

とにかくテーマに関心を寄せたい、難しいと感じている受講生などにします。イエスかノー、またはAかBのような選択肢で答えられる質問です。


「AとBではどちらがより効果的でしょうか?」

「今これをすべきだと思いますか?」

「日本で一番高い山は阿蘇山ですか?」

最後に、質問を受けたときの対応法についてまとめておきましょう。勇気を持って質問してくれた相手が気持ちよくなり、他の人たちも質問してみたいと思わせるような答え方のステップがあります。

質問に対する答え方のステップ

通常、「感謝」「確認」「共感」の頭文字を取って〝3Kで受けてから答えよ〟と言っています。

①感謝「ご質問ありがとうございます」

②確認「○○について△△かどうか、ということでよろしいですね？」

③共感「とてもよい質問ですね／ウーム難しい質問ですね」

④答え「（全員に向かって）○○が△△かどうかについては、××と考えられます。なぜなら……」

⑤満足度チェック「（質問者に向かって）ということでよろしいでしょうか？」

以上で、指導するときに欠かせない質問の手法についての説明を終わります。ここまで何かご質問はありますでしょうか。（これも質問です）

質問のタイプ

ポイントの整理

オープン質問

発問（オープン）

- 前のレッスンで学んだ3つのポイントは何だったでしょうか？
- グローブといいますが、地球はどんな形をしていますか？

質問（オープン）

- 今日のレッスンでは、どんなところを中心に学びたいですか？
- ブラジルに行ったら、どこを見物したいですか？

発問（クローズド）

- 地球環境を考えることは、本当に重要だと思いますか？
- この単元で学んだことは、Aでしたか Bでしたか？

質問（クローズド）

- あなたはベジタリアンですか？
- AとBとでは、どちらを先に学びたいですか？

クローズド質問

よい発問や質問ができるということは、教える内容をよく理解している証拠である。
質問のテクニックをよくマスターして、活気のある教え方ができるようになろう。

7 布石を打つ

教えるときに不可欠な質問スキルについて、たくさん学びました。次に単元を進めるときの手法についてお話ししましょう。普通、いくつかの項目を順々に教えていくことが多いと思いますが、ひとつの単元から次の単元へ移るときにどのように言えばよいかということです。

「そんなの、ただ〝では、次は第2節に入ります〟とか言って始めればいいんじゃないの?」って思われるかもしれません。

でもそれでは、芸がない、というか、学習する側に「よし、それでは次は第2節を頑張ってやってみよう」という意欲をかきたてることにはなりません。

図2-3　「ブリッジ＝橋をかける」とは

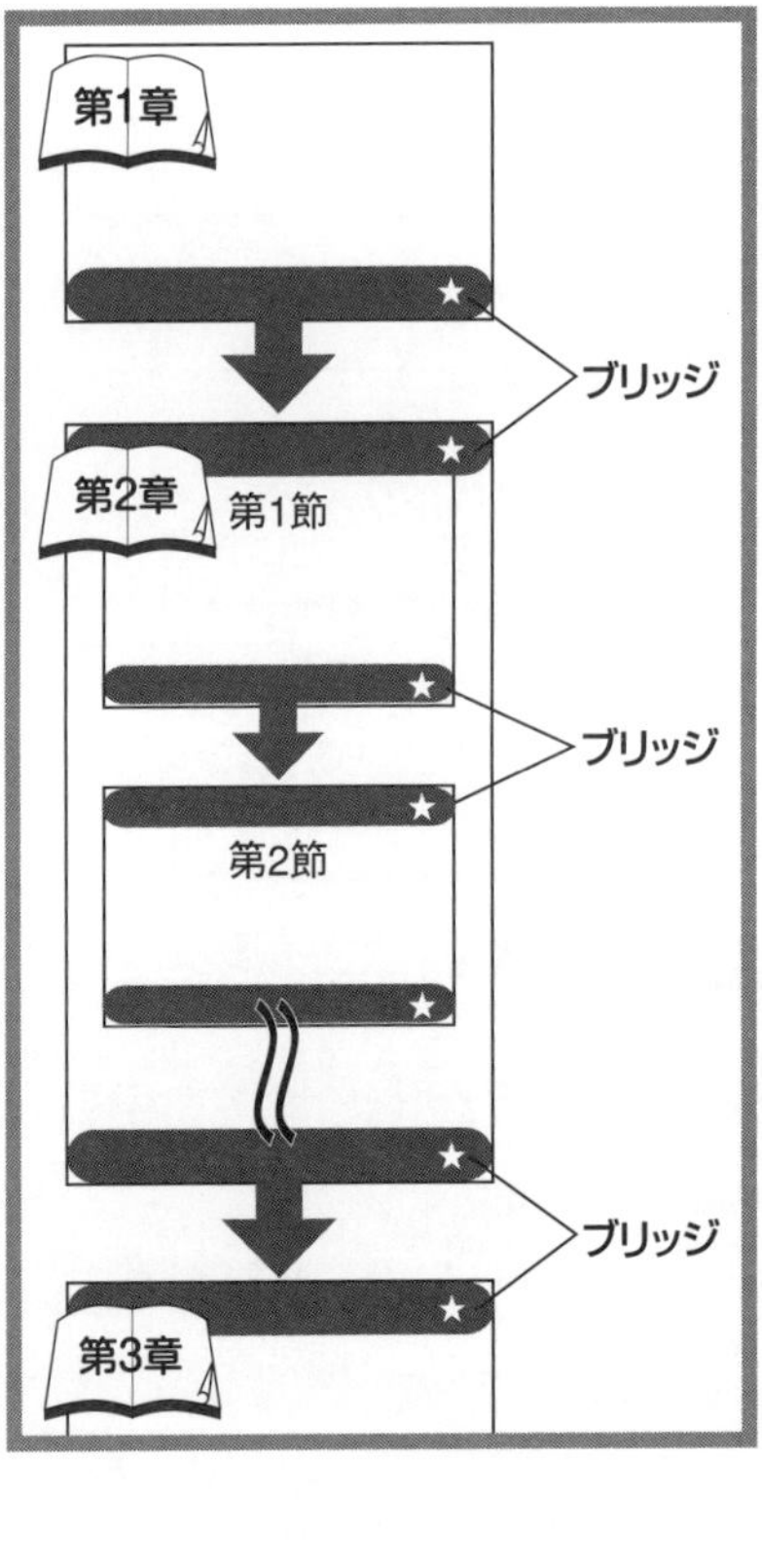

第1章
ブリッジ
第2章
第1節
ブリッジ
第2節
ブリッジ
第3章

では、どうすればやる気を引き出せるのでしょうか。

私は、〝**ブリッジをかける**〟という手法をお勧めしています。ブリッジ、すなわち橋をかけるのです。第1節から第2節へいきなり飛び移ってもらうのではなく、第1節の終わりと、第2節のはじめに〝ブリッジ〟＝橋をかけて、次の項目への移行をスムーズにするのです。

簡単にいうと、ひとつの項目が終わったら、まとめをしてください。まとめでその項目で何を学んだかがわかったら、それが次にどんなことに関連していて、なぜ次の項目を学ぶことが重要かを予告してください。次に必要なことがわかり、予告されれば、受講者は期待を持って次の単元に臨むでしょう。すると、ある単元が終わって休憩を取ったとしても、休憩中も次への期待で意識がつながるのです。

そして、期待を持って次の単元が始まったら、今度は前の単元の復習から始めてください。「第1節では、○○について学びましたね。そこで次にさらに大切な△△について学んでいきましょう」というように、単元が連続しているのだということを知らせるのです。

これが、新しい項目を始めるときのブリッジです。

ブリッジとは、項目と項目をつなぐ橋であり、受け手の意識をつなぐ橋でもあるのです。

ブリッジとは、項目と項目を、そして受け手の意識をつなぐ橋である

いくつかの表現を参考にあげてみましょう。

ブリッジの表現例

①項目の終了時のブリッジの例

「第2節では、報連相（報告・連絡・相談）の基本的なルールを四つ学びましたね。ルールを守ることで会社の仕事がとどこおりなく進められることがわかりました。次の第3節では、一歩進めて、基本から応用へ。自分なりの工夫をした報連相とはどのようなものかを学びましょう。自分で考え、よい報連相を行えば、上司へのアピールにもなりますね。重要なヒントを三つ学びますので、楽しみにしてください。では、一〇分間ほど休憩します」

次の項目への期待が高まった状態で休憩に入ることができたでしょうか。

②項目の開始時のブリッジの例

「皆さんおそろいでしょうか。第2節では、報連相の基本を学びました。これはルールですから、必ず守ることで会社の仕事を正しく行えるのでしたね。第3節では、報連相の応用です。ルールというのではなく、自分なりの工夫をするということで、自己アピールにもなる報連相です。重要なヒントが三つありますので、しっかり学んでいきましょう」

休憩の後ですので、もう一度前の節のまとめと、この節を行う意味を伝えて、やる気を引き出したうえで、本論に入っていきたいものです。

上記の例のような言い方でも十分効果がありますが、もっと効果的なのは質問を使ってブリッジをするという手法です。すでに習った項目なら発問を工夫して、相手に考えさせるような言い方ができればずっと効果が上がります。

③質問（発問）で始めるブリッジの例

「皆さんおそろいでしょうか。前の第2節では、何を学びましたか。そうですね、報連相の基本ルールでした。では、基本ルールはいくつありましたか。はい、四つですね。四つともテキストを見ないで言える人はいますか。ＯＫ。いいですね。この基本ルールを守ることでどういう効果がありますか。そうです。会社の仕事を正しく行えるのでしたね。さて、みんな同じ基本ルールを守っているだけでは、自分の個性が出しにくいと思いませんか？　どうすれば、もっとよい自分なりの報連相ができるでしょうか？　そこで第3節では、報連相の応用法を学びます。ルールというのではなく、自分なりの工夫をするということで、自己アピールにもなる報連相です。重要なヒントが三つありますが、皆さん、学びたいですか？　それではテキストを見ていきましょう」

レビューと予告も発問・質問を活用して進めれば、双方向的な教え方になり、受講生の興味をずっと引きつけておくことができます。

ブリッジの考え方もそうですが、教える側は、今教えていることだけでなく、前に何を教えたか、次に何を教えるか、さらにいくつか先にどのようなことを教えるのかを、全体像を把握しておく必要があります。そして、いつも受講者の意識をつなぎ、次への期待を持たせておくのです。

すぐ後の項目への予告をブリッジといいましたが、いくつか先に出てくる内容を意識して、ヒントを与えることを「**布石を打つ**」といいます。

たとえば、口頭によるコミュニケーションの学習をしているときに、「～ということがありました。言ったつもりなのに相手は聞いてないと言う。危うく訴訟になりかねない状況でした。こんなときは、指示を明確にするためにどんな工夫が必要でしょうか？　そうですね。口頭でのコミュニケーションだけでは、記録に残らないなど不十分なところがありますね」などと投げかけ、その場では口頭の指示の精度を高める話をメインにしつつ、後で学ぶことになっている文書の重要性をほのめかしておく。そうすると、文書の項目を始めるときに、受講生の頭の中に意識が残っており、すでに学ぶための重要性が高められている状態から開始できます。

先を読んで「布石を打つ」こともよい教育をするコツのひとつです。

先に出てくる内容に関する布石を打って意識をつなぐ

ブリッジの効果

ポイントの整理

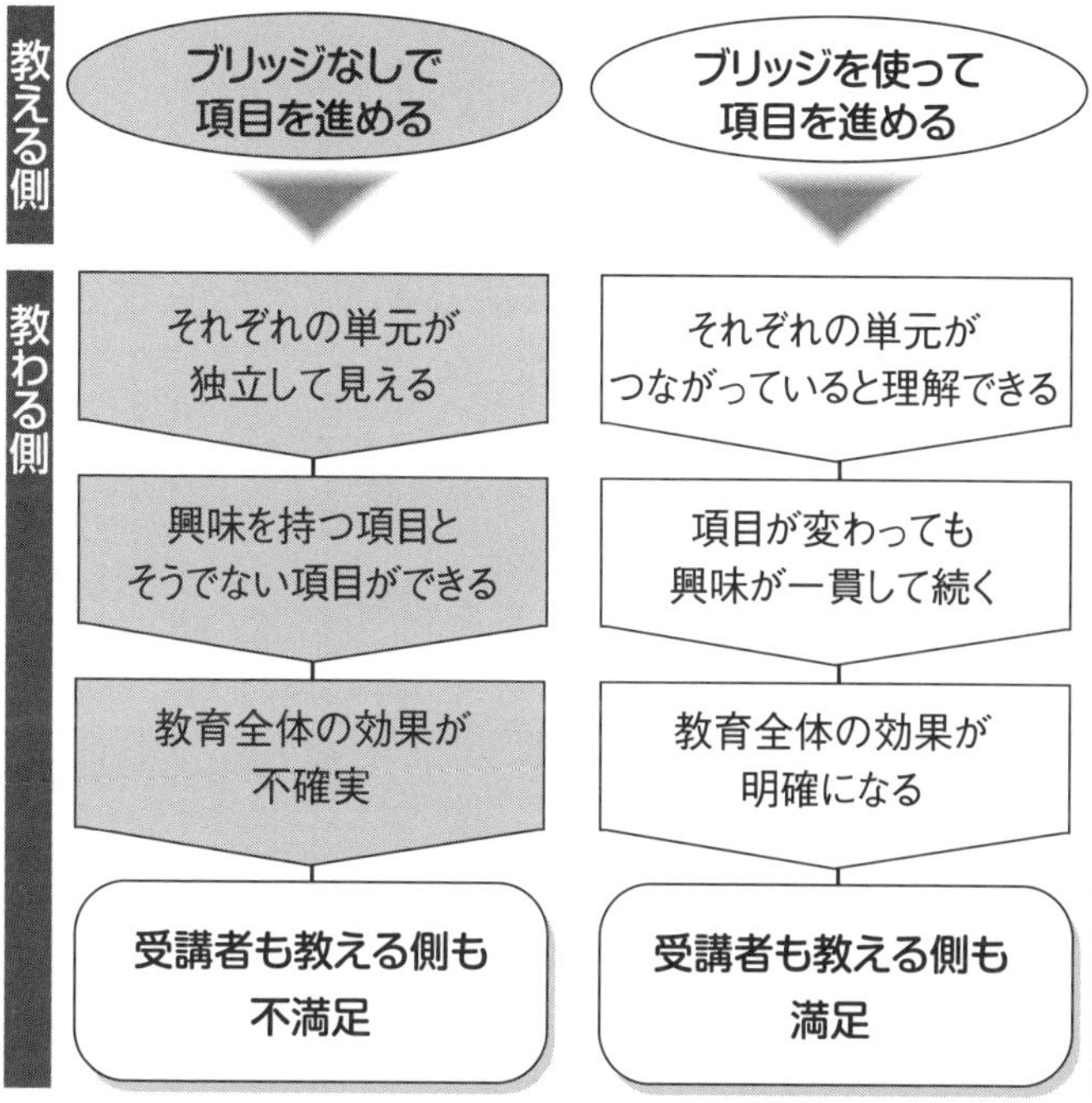
教える側
ブリッジなしで項目を進める
ブリッジを使って項目を進める
教わる側
それぞれの単元が独立して見える
それぞれの単元がつながっていると理解できる
興味を持つ項目とそうでない項目ができる
項目が変わっても興味が一貫して続く
教育全体の効果が不確実
教育全体の効果が明確になる
受講者も教える側も不満足
受講者も教える側も満足

人は、同じ内容を3回言われて、はじめてある程度頭の中に定着するといわれている。ブリッジを行うことで、
①ある項目を教えているとき
②その項目が終わったときのまとめのブリッジ
③次の項目が始まるときに行う前の項目のおさらいのブリッジ
と3回ポイントを聞くことができる。

8 フィードバックは水

フィードバックという言葉を聞いたことがあるでしょうか。相手が何か発言や行動をしたときに、それに対して何らかの反応をすることをいいます。通常言葉で反応しますが、言葉でなく態度で表すこともあります。友だち同士や、家族の間でのフィードバックもありますが、指導者が相手に対して意識的に与えるフィードバックは特に重要です。

欧米では、阿吽（あうん）の呼吸やハラとハラの意思疎通などが難しいので、フィードバックのない人間関係はあり得ないといわれます。否定的なフィードバックでも、何もフィードバックしないよりずっとましだといわれます。

否定的なフィードバックでも、フィードバックがないよりずっとまし

一番よくないのは〝シカト〟すなわち「無視」です。人は無視されることで存在を否定されたら生きていけないのです。いじめの中でも「無視」は一番怖いいじめ方です。

それでは、教育の現場で、どのようにフィードバックを活用していけばよいでしょうか。

教育的な意味を意識したフィードバックの与え方には、いくつかの原則があります。

フィードバックの原則

①基準明確化の原則

相手の言動が正しいか正しくないかというような評価的なフィードバックを与えるときは特に、正誤の基準を明確に行う必要があります。なぜ正しいか、なぜ間違っているかの理由を言わずに「正しい・間違い」だけ言うのはよくありません。

②即時対応の原則

フィードバックすべき点が見つかったら、その反応に対して直ちに行うことが重要です。フィードバックがずれると「なんで今頃そんなことを言うのか」と誤解を招く恐れがあります。

③具体化の原則

フィードバックは具体的に行い、受講生に修正や定着の方向がわかりやすく伝わることが大切です。「もっとちゃんとしてください」などのようなあいまいな言い方は効果がありません。「○○のところを△△のような表現にしてみてください」のような言い方が大切です。

④事実限定の原則

勝手な解釈や憶測に基づくフィードバックをしないことは特に重要です。「きっと過労が続いているので失敗したんだね」とか「学校でしっかり学んでこなかったんだな」「家庭がうまくいってないんじゃないの」などと、勝手な憶測で反応すると事実に反することが多いばかりか、相手の反発を買うことになりかねません。

⑤フォローの原則

否定的なフィードバックを与えた場合でも、努力をねぎらったり、励ましたりすることを忘れないことも大切です。「このような間違いを繰り返してはダメだ」と叱った後の休憩時間に、そっと近づいて「注意深く対応すればきっとうまくいくから頑張ろうな」などと声をかけられれば相手は嬉しいものです。

原則を知って、よりよいフィードバックを与えるためのポイントをまとめておきましょう。

優れたフィードバックの特色

①評価的でなく説明的

具体的なポイントを説明することなく良い悪いを伝えても改善の方法がわかりません。最初は、「この表現が××のようにできるともっとよくなると思うのだが」などのように注意すべき点を具体的に説明してあげましょう。

②一般的でなく具体的

「表現はわかりやすく書くことが大切です」のような一般的な言い方でなく「あなたのこの表

現を××のようにすればどうだろうか」のような具体的な指摘にしたほうが効果があります。

③批判的でなく建設的

「○○はまだ全然不十分ですね」というようにできていないところを直接的に指摘するより、「△△はかなりよくできています。○○の部分にもう少し工夫ができるでしょうか？」というような前向きなフィードバックのほうが効果的です。

④指導者の期待が効果的に伝わる

エンディミオン効果というのがあります。これは、〝人は期待されたとおりの人になる〟という法則です。「お前はダメな奴だ」と言い続けられた子供はダメになっていく。「お前は素質があるよ。きっと優秀なデザイナーになるよ」と言い続けられた子供はよいデザイナーになる、という原則です。言葉通りの人間になるかどうかは別として、期待を示してあげれば相手は期待に添うよう頑張ろうと思うものです。

人は期待されたとおりの人になる「エンディミオン効果」

⑤遅れずにタイムリーに与える

フィードバックの原則でも触れましたが、相手の言動に対してフィードバックが必要だと思ったらタイムリーに、すぐフィードバックすることです。特に否定的なフィードバックは伝えるほうも嬉しくないので、〝後で機会を見つけて伝えよう〟などと考えている間に機会を逃したり、後で伝えてもピンとこなかったりするものです。

⑥あいまいでなく正確に描写する

これも具体化の原則にありました。「とってもいいです」のようなあいまいな表現でなく、「この書き方のこの部分が、特に主張が明確でいいですね」のような具体的かつ正確なフィードバックが効果的です。正確にフィードバックするためには、指導者側に物事を正しく見る目がなければなりません。

⑦はっきり明快に伝える

表現の仕方に関わることですが、指導者の伝え方がはっきりした口調で、明るく明快でなければ、せっかくよいフィードバックを与えても相手の心に響きません。大きな声ではっきりとした言葉遣いを心がけましょう。

⑧先によい点を、後に改善点を述べる

相手の言動に対して何かを言いたいとき、指導者としては欠点や問題点が目につくものです。しかし、欠点ばかり指摘されても嬉しいものではありません。できるだけ、よい点を発見して伝え、その後で問題点を指摘するようなフィードバックの与え方を心がけましょう。

⑨信頼に基づく話し方

指導者と教わる側との立場がはっきりしていても、同じ人間としての尊厳を尊重し合い、相手の成長を信じて関わることが大切です。見下したり、イライラしたりせず、包容力を持って、相手の成長を支援するという態度で落ち着いて話しましょう。

⑩受講生の今後へのやる気につながるよう励ましや期待で終える

フィードバックの最後の言葉は、脅し文句「これから言ったとおりにしないと面倒見ないからな」とか、「やってみてもきっとうまくいかないかもしれないけどね」などのような不安を与える表現で終わらず、これからやってみようと意欲が高まるような表現で終わることを心がけてください。

「継続的に実行すればきっと前進するよ。期待しているから頑張ろうな」というような励ましをもらえば、頑張ってみようと思うのではないでしょうか。

最後に、フィードバックを与えるときのステップ、手順について触れておきましょう。

フィードバックのステップ

①状況を説明する

「今発言された○○について、××が気になりますので少しコメントしてもいいですか」というように、何についてフィードバックしたいのかを伝え、今相手がそれを受け入れる状態かも確かめます。

②何を観察（見たこと、聞いたこと）したかを説明する

「○○に関して、～と発言しておられましたね」などと、実際に観察した事実をありのままに伝える。この段階では、まだ指導者としての解釈や評価は与えません。

③観察結果を述べ、何を感じたか、考えたかを説明する

「～というのは、◇◇につながるのではないかと思うのです。もう一度、その理由を考えて、他の方法がないかも検討すべきではないかと思うのですが、いかがでしょう」というように、指導者としての考えや評価、次への指示・期待などを述べます。

いかがでしょうか。フィードバックはまるで水や空気のように、指導場面のあらゆる局面で必要なのです。どうか、意識的にマネージ（活用）してみてください。

フィードバックの重要性

ポイントの整理

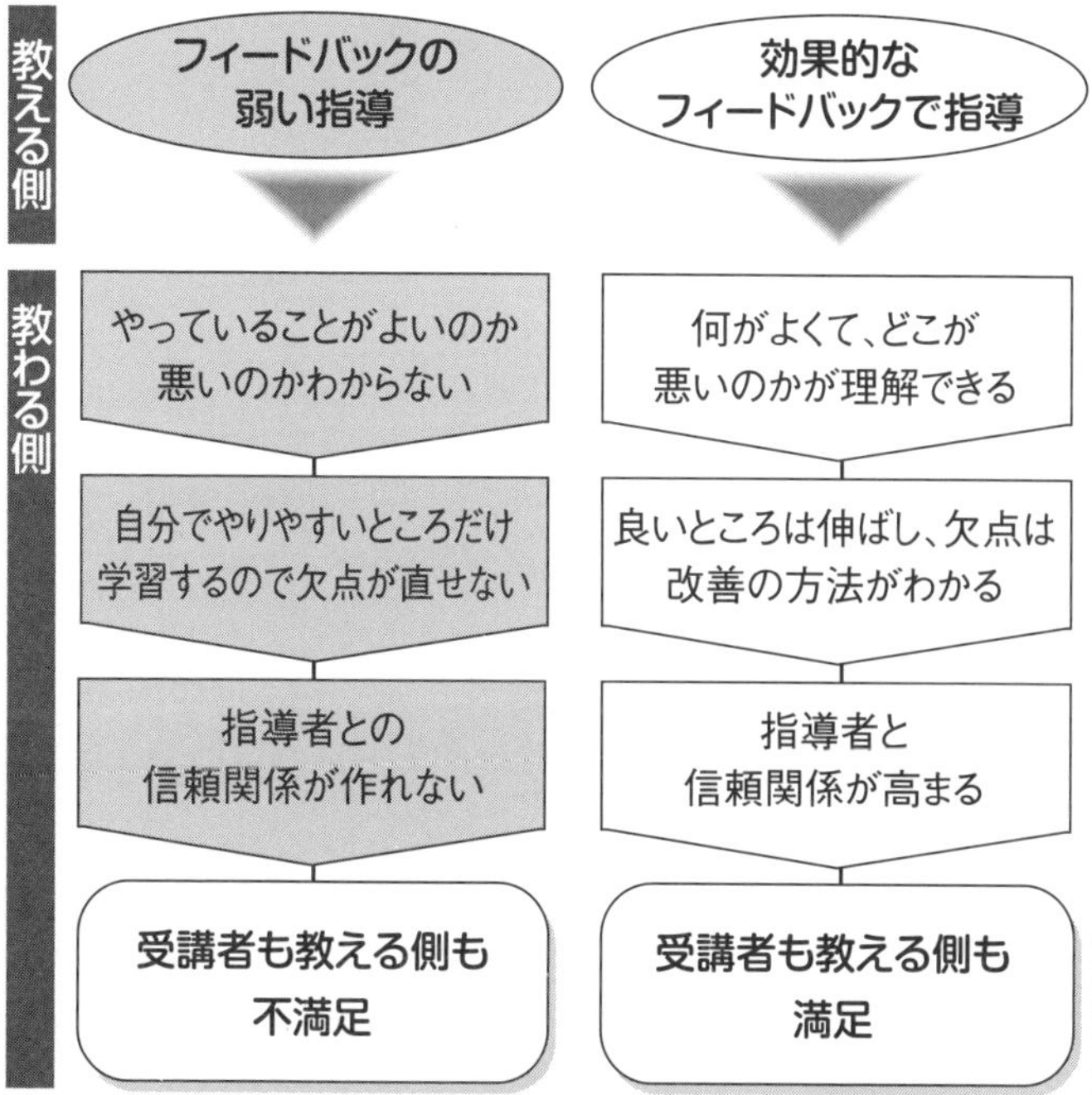

教える側
教わる側
フィードバックの弱い指導
効果的なフィードバックで指導
やっていることがよいのか悪いのかわからない
何がよくて、どこが悪いのかが理解できる
自分でやりやすいところだけ学習するので欠点が直せない
良いところは伸ばし、欠点は改善の方法がわかる
指導者との信頼関係が作れない
指導者と信頼関係が高まる
受講者も教える側も不満足
受講者も教える側も満足

人は自分を信頼してくれる人がいなければ生きていけない。人と人が信頼できるためには、お互いを認め合わなければならない。

よいところだけでなく、改善点も忌憚なくフィードバックしあえる関係ができれば、学習効果は格段に高まる。

フィードバックのひとつの形ですが、アドバイスを与えるときの考え方についてお話ししましょう。

9 二つ誉めてからアドバイス

学習者は成長を求めています。したがって、アドバイスや矯正はありがたいことです。しかし、頭ではそう思っていても、「ここがダメだ」と強く言われたら、「わかっているけど、ちゃんと教えてくれないからできないんじゃないか」と反発心も出てしまいます。人間の心理です。

また、教える側としても、教える内容について教わる相手よりよく知っている・よくできることはあたりまえです。当然知っていることを、毎回機械的に指導していては面白くもないし、自らの学びにもなりません。

私は、教えることは学ぶことだと思っています。どんな対象でも、どんなパフォーマンスをしてくれても、何かしら学ぶことはあるのです。

そこで私が推薦している手法は、受講生が何かアウトプット（成果物）を発表してくれたなら、そのフィードバックは「**二つ誉めてからアドバイスせよ**」というものです。

模造紙に問題分析の結果を書いて発表してくれたとしましょう。すると、よくない講師はすぐに、「頑張ってくれたけど、○○の部分が不十分ですね。もう少し細かく分類してください」などと言うのではないでしょうか。

どこがよくないかって？

まず、「頑張ってくれたけど……」とか「○○はいいんですが……」のように、一見誉めているような表現で始めても、すぐに「……ですが」「……、でも」と反論の接続詞で受けてしまうところです。一応誉め言葉でスタートしているのですが、すぐに「でも」「しかし」「ですが」と続けると、最初の誉め言葉が、批判的なことを言うために枕詞としてしか聞こえず、誉めてもらった気がしないのです。

誉める言葉は独立させて、「○○はとてもいいです」と言い切り、一旦終わった後で「でも」「しかし」という言葉を使わず、「改善のポイントをあげるなら……」と言ってアドバイスをするのです。そうすると聞いてもらいやすくなります。

効果的なアドバイスの方法の第一点は、**誉めた後〝but〟で受けない**、という点です。「が・でも・しかし」を使わないようにしてみましょう。

誉めた後、butを使わずアドバイスをする

これだけでも効果的ですが、もうひとつ経験から会得した効果的な方法があります。

誉めてからアドバイスですが、「○○はとてもいいです」＋「改善点は……」とやられると、改善点ばかり強調されるようで、せっかくの誉め言葉が死んでしまいます。教える側も、受講生から学ぶチャンスが限られてしまいます。双方に効果があるのは、よい点を二つ指摘してからアドバイスに入るということです。

二つよいところを指摘しようと思えば、講師側も真剣に受講者のよい点、すぐに目についた最大のよい点だけでなく、次のレベルのよい点も見つける努力が必要です。

二つのよい点を告げられれば、受講生側も〝講師は真剣に見てくれた。自分のよい点を認めてくれた〟と信頼感が高まり、次に言われる改善点にも真剣に耳を傾けるのです。

アドバイスをしっかり聞いてもらうための二つめのポイントは、「二つ誉めてからアドバスせよ」です。

二つ誉めてからアドバイスせよ

たとえば、受講生が報告書を書く課題をグループで行い、結果を模造紙に書いて張り出してくれたとしましょう。アドバイスの例はこのようになります。

「きっちり書いてくださりありがとうございます。冒頭の結論の部分が簡潔にまとめられていてよいですね。また、フォーマットも整っており、特に見出し番号のつけ方がモデルに合わせてつけられておりわかりやすいです。改善点ですが、タイトルの表現がもう少し内容を反映するように具体的な言葉になるといいですね。それと、最後の所感の部分に、報告書を書いた人の意見がもっとはっきり書かれてもよいのではないでしょうか。皆さん、いかがでしょうか？」

「二つ誉めてからアドバイス」を忘れず実行していただければ嬉しく思います。

ここで、誉め方・注意の仕方のポイントをまとめておきましょう。

受講生の誉め方、アドバイスの仕方・留意点

①性別や年齢などで差別をしない

受講者を平等に扱い、相手によっておべっかや威圧的な表現が出ないように気をつけましょう。

②興奮しない

相手が興奮していたり思いがけない反応があったりすると、興奮して我を忘れることがあります。感情に流されると適切な行動が取れなくなります。常に落ち着いて、冷静さを保つことが大切です。

③主題をハッキリさせる

アドバイスのポイントを今教えていることの主題からはずさないように意識しておくことも大

切です。わざと主題をはずしたコメントをする場合は、そう言ってから行うのがよいでしょう。

④ボソボソつぶやかない

はっきり相手に聞こえるように、他の受講生やその場の参加者にもはっきり聞こえるように、大きく快活な声で話しましょう。

⑤性格面を言わない

誉め言葉やアドバイスを相手の性格や態度に関して行わないように気をつけましょう。「とてもまじめな性格でいいですね」とか「もっとまじめに取り組まなければなりません。やり方がいい加減です」などという相手の全人格を含めたようなアドバイスは、〝そんなこと言われても性格だからしかたないよ〟というような受け止め方をされる可能性があります。できるだけ具体的な言動や成果に対して誉めたりアドバイスしたりしましょう。

⑥個人個人の能力を比較しない

「誰々さんの発表はよかったが、あなたのものは少しレベルが落ちますね」などと人との比較をしないということです。本人の以前の成果と比較するならまだいいのですが、比較の対象はモデルやゴールであり、他の人ではありません。他者との能力比較は、講師が好き嫌いをしているように聞こえる場合もありますので注意しましょう。

⑦制作したものなどは、どんな作品でもよい点を見つける

教える側の基本的なスタンスです。努力してアウトプットを出してくれた受講生です。必ずよいところがあるはずです。それを二つ以上見つけて、口に出して伝えてください。そうすることで、教える側の読み取り能力も高まるし、よい点を認められた受講生も嬉しくなります。そして信頼感が高まれば、どんなアドバイスも真剣に聞いてくれることでしょう。

第2章では、具体的な教える側のテクニックを様々な角度からお伝えしてきました。すぐに使える手法ばかりですので、少しずつ明日からでも使ってみてください。

次の章では、もう少し汎用性の広い、指導者として、また講師としてのコミュニケーションの取り方について、いくつかの重要なポイントをまとめてみたいと思います。

アドバイスの与え方

ポイントの整理

教える側	すぐに問題点を指摘する	2つ誉めてからアドバイスする
教わる側の心理	せっかくやったのにダメだったということか	えっ、そんなによいところがあったんですか
	少しくらい努力の跡も認めてほしいな	認められて嬉しい改善のポイントも知りたい
	そんなに厳しいのなら、自分には無理かもしれない	具体的な改善点を教えてもらった直していけそうだ
	できる範囲でそこそこやっていこう	よし、もっとよくなるように精一杯がんばろう

相手の良いところを発見するのは技術だが、技術だけでは本当によいところを発見することは難しい。教える側も教わる側も同じ人間として尊重しあい、お互いに学びあう姿勢があって、はじめて心からのアドバイスができるのだ。

10 演習「フィードバックの与え方」

指導者は明快なコミュニケーションを取る必要があります。指導する人の行動や発言について具体的にフィードバックを与えることで、相手がどこをどのように改善すればよいかに気づかせなければなりません。

あなたは山川さんの上司です。まず次の事例を読んでください。その後、よくないフィードバック例を読んで、どのように言い換えたらよいフィードバックになるか考えてください。あなたの案ができたら、一二八ページの参考回答を見てポイントを確かめてください。

（事例）

山川さんは、今週水曜日までに新商品の企画書作成をすることになっていました。ところがお客様からのクレーム案件があったとかで手が取られ、仕上がったのは木曜日の夕方になってしまいました。そのため、木曜日に予定されていた会社の新商品プロジェクト委員会が行えず、チーム全体のプロジェクト計画がずれてしまいました。企画書作成とクレーム処理の時間配分と他のセクションとの協力が欠けていたのだと思われます。日頃山川さんは、アイデアをまとめて新しい案を出すのは得意だし、文書の仕上げもとてもきれいです。いつも頑張っている山川さんが、今後、企画書作成などで遅れが生じないように、アドバイスを与えようと思っています。

（よくないアドバイスの例）

山川さん、今週はちょっとやる気がなくなってるんじゃないですか？　もっと責任感を持って仕事してもらわないとみんな迷惑しますから困るんですよね。しっかり納期を守るようにお願いしますよ。

（効果的なアドバイスの例）

（効果的なアドバイスの例）

山川さん、いつも頑張ってくれてありがとう。特にアイデアをまとめて新しい案を出してくれるので助かるよ。まとめた文書はよい。仕上げもきれいだしね。今週のクレーム処理は大変だったね。二つのことを同時に進めるのは辛かっただろう。仕事が重なったときに、どのように優先順位を決めればよいかを再度考える必要があると思うんだ。また、チーム全体の動きを見ながら協力体制を維持していくという観点も大切だ。どのようにしたら今週のような事態をうまく切り抜け、やるべき仕事の納期も守れるのか、考えてみようじゃないか。どう思う？

第3章

心の通う
コミュニケーションの取り方

1 「つかみ」で「アッハッ」を

教える立場としての技術を様々にお話ししてきましたが、もう少し基本的なコミュニケーションの手法についても触れておきましょう。

〝さあ、これから何かを教えるぞ〟というとき、最初に受講生と接して一気にその気にさせる導入ステップというのがあります。相手の気持ちをぐっとつかむ、という意味で「つかみ」といっています。この「**つかみ**」で、〝なるほどね。それじゃやってみるか〟と思ってもらう。すなわち「**アッハッ**」(なるほど)という感覚を持ってもらうわけです。

では、最初に受講生と接して一気にその気にさせる導入ステップとはどういうものでしょうか。次の五つのステップを覚えてください。

ステップ1　雰囲気づくり

最初に、明るくあいさつをします。「おはようございます」と元気よくあいさつすることで、明るい人だなという印象を与えなければ、意欲は高まりません。

そして、初めて会う人がひとりでもいれば、名前を告げてください。教える人が誰なのか、名前がわからないまま指導が進んだのでは、質問もできません。

次に、感謝の言葉を述べましょう。講師として、または指導する側として、相手がいること、今日ここにいてくれることに感謝の意を示します。

たとえば、エクセルの講習会を行うときの例で示してみましょう。

「皆さん、おはようございます。私は今日皆さんの講習を担当させていただきます、荒巻基文と申します。何かとお忙しいなか、お時間を取って『エクセル講習会』にご参加くださりありがとうございます」

ステップ２　ニーズ設定

快活な雰囲気ができたら、今日教えるテーマがなぜ必要か、そのニーズを確認します。確認といっても、相手は自らニーズを意識して参加しているとは限らないので、講習内容が受講すべきことなのだというニーズを設定しなければなりません。そのために一番よい方法が「アテンション・ゲッター」を使う手法です。

「アテンション・ゲッター」とは、アテンション（注目）をゲット（得る）するもの、という意味です。簡単にいうと質問をしてください、ということです。一歩前に出て、語りかけるように質問します。

「アテンション・ゲッター」で学習のニーズを呼び起こす

「ところで皆さん、インド人は九九（くく）だけでなく、20×20まで暗記しているって聞いたことがありますか」というような、〝エッ、なんでそんな質問？〟と思うような質問が効果的です。興味（アテンション）を引くことが目的です。

そこで、計算が正確に速くできること、数字に強い業務ができる必要性を設定するのです。

「私たちも、数字に強くなり、世界に通じる業務ができるようになる必要がありますね。皆さんも、数字に強くなるための業務ソフトに習熟したいと思いませんか？」というように、エクセルを学ぶ必要性を示唆するのです。

ステップ3　テーマの確認

ニーズを感じてもらい、学びたいという意欲が高まったところで、これから学ぶテーマと内容の概略を告げます。

「そこで、今日は『エクセルの基本』というテーマで、その基本概念と具体的な帳票作成の基本を練習していきたいと思います」

ニーズが理解されたところで、そのニーズを満たす内容が提示されれば、やってみようと思うはずです。

ビタミン摂取の重要性をしっかり説明された後、〝ビタミンを豊富に含んだ栄養ドリンクを一本いかがですか〟と言われれば飲んでみようかと思うのと同じ心理です。

ステップ4　目的と成果の明確化

学んでみようという意欲が高まったところで、この学習をした結果どうなるのか、どうなってほしいのか、学習の目的と学習の成果をはっきりと口に出して告げます。ゴールを見えるようにしてあげるわけです。

「本日の講習で、我が社の一員として即戦力になっていただきたいし、講習の結果、〝よーし、これでエクセルなら自分ひとりで取り組めるぞ〟という自信を持っていただければ嬉しく思います」というような感じでしょうか。

ステップ5　期待感を高める

最後に、本論に移る前のやる気の確認です。すぐに本論を始めるのではなく、少し間を取り、相手の意欲が高まる時間を与えるのです。

「さて皆さん、エクセルを学んでみたいという気持ちが高まったでしょうか？　今日一日、しっかり勉強しようという気になりましたか？　大丈夫ですね。皆さん、すごーく上達されますからね。はい、それではいよいよ本論に入りましょう」という感じで、受講生を見渡し、みんなの目を見て、やる気を確かめます。

何かを教えるときには、相手がひとりであっても、大人数であっても、まず相手との関係を明るく設定し、教えようとしていることが相手の学ぶべきことだ・学びたいことだということを確認し、何をどのように学ぶのかを明確に告げ、それを学んだ後どうなるのか成果のイメージを明確にして、期待感を高めたうえで教え始める。本論が始まる前に、受講者が「アッハッ」（なるほど。やってみよう）と思うこと。これが基本です。

「つかみ」で「アッハッ」を

ポイントの整理

教える側

本論
それではさっそく…

すぐに
本論に入る

つかみ
ところで皆さん！

「つかみ」をしてから
本論に入る

教わる側の心理

すぐに本論に入る	「つかみ」をしてから本論に入る
気持ちが高まっていない。なぜこれをするのか	やる気が高まっている。この内容は自分のためにあるのだ
エンジンがかからないので学習が進まない	本論ですぐにフル回転となる。学習が進む
これからも内容は教える側の都合で作られるのだろう	これからも内容に期待する。自分の必要性にマッチしていると思える
不完全燃焼で不満	完全燃焼で満足

教えるということは、常に教わる側に「アッハッ」（なるほど）を与えることである。
教えはじめから「アッハッ」があれば、後は気持ちが盛り上がったままで、最後まで走れるのだ。

❷ 伝わるってどういうこと？

「つかみ」のステップはいかがでしたか。少し手法に頼りすぎの感じもします。もう少しコミュニケーションの本質に迫ってみましょう。

コミュニケーションを取る意味って何でしょうか。

相手の心に深く関心を持ち、相手の気持ちを受け止めることで相手を成長させ、自己成長も図れる。相手がいること自体が、ありがたいことだと思えることは前提です。

相手の本音を探り、自分の言いなりにしようなどという下心があったのでは成功はおぼつきません。相手の気持ちを真剣に聴いてあげたいと思うからこそ、真剣に聴けるための手法を学ぶのです。

まず、共通言語として日本語を使っていても、意志が通じないこともあるのだという例をお話ししましょう。

私の新婚当時、こんなエピソードがありました。

ある午後、私が妻にこう言いました。「そろそろお茶でもどう?」

するとと、妻は気持ちよく答えました。「ええ、わかったわ。ちょっと待ってね」

そして(何でこんなに長くかかるのか、といぶかりながら)待つこと五、六分。

「ハイ、ティー」と言って出てきたものは、私の期待していたものとはほど遠いものでした。なぜって、そもそも色が緑ではない!

「な、何だ、これは!? お茶って言ったろう!」と声をあげた私。

私は、京都出身で、母の「お茶」のお稽古を見て育ち、自分も裏千家流のお点前をたしなむ人間です。「お茶」といえば、少なくとも日本茶のことなのです。

ところが、妻は、イギリスに留学していたこともあり、ピーターラビットと不思議の国のアリス、スコットランドの風景が大好きな、ちょっとあちら向きの人間な

図3-1　紅茶＋クッキー・玉露＋ようかん

のです。「お茶」といえば、ロイヤルミルクティーのことなのです。イギリスでは、午後のお茶の時間を「ハイティー」といい、紅茶とクッキーやサンドイッチなどで軽食のようなものを楽しみます。

妻が、心を込めて入れてくれたロイヤルミルクティーとクッキーのセットは、玉露とようかんかまんじゅうを期待していた私には、あまりにもかけ離れたものでした。

声を荒げた私の反応に、妻も驚き反論します。

「だからお茶よ、ハイティーっていうのよ」

教育の場面とは離れましたが、教える現場でも、教える手段は「言葉」を使います。ところが、言葉というのはこのように、正しく伝わったかどうか、いたって危ういものなのです。第1章第1節の「二つの理解」で説明したとおりです。

生まれ育ちや文化の異なる相手と、より正確なコミュニケーションを図るためには言葉の使い方を意識的にマネージして、できるだけ「二つの理解」を一つにするように努めなければなりません。

言語を使ってどのように相手が言った言葉の意味や感情を汲み取るか、五つの具体的なスキルをご紹介しましょう。

相手の気持ちを汲み取るスキル

①あいづち

相手に興味を示す。断定的なコメントを避け、相手がもっと話したくなるような、質問もしやすくなるような言葉を使います。

「なるほど」「そうなんですか」「わかります」「ええ」「そうですよね」「はい」

②質問

5W1Hの事実に関する質問のほか、相手の意図を明確にするような質問や、例を引き出すような質問、もっと具体的に知りたいというような質問をします。


「それは、どういうことですか？」

「どうしてそういう風に思われたんですか？」

「たとえば、何ですか？」

「他には？」

「どう感じているんですか？」

「何がしたいんですか？」

「何が一番いやなんですか？」

③**確認**

相手の言ったことを正しく聞き取ったかを確認するような表現。(繰り返し、言い換えなど)間違いなく理解したかを明確化するための確認表現。自分の主張でなく、相手の言い分をありのままに聞き取りたいという態度で話します。


「ということは、〜ということですね」

「〜というわけですか?」

「こういうところがよくないって思ってるんですね」

「AよりもBのほうが好き/大切なんですね」

④**共感**

相手の感情を相手の立場で理解しようとしていることを示します。反復により、気持ちを聞き取ったことを伝えます。表情を豊かにして自分の気持ち(フィードバック)を伝えます。ただし、安易な同情やアドバイスなどはしません。


「わかります、その気持ち」

「本当にそうですよね」

「〜なんですね」

「〜ということですね」

「〜ですか」

「〜と感じているのですね」

「本当に〜でしたね」

「わー、そうですか！」

「すごいですねー」

⑤要約

要点をまとめ確認する。理解した中心概念が間違っていないかを確認します。

「一番おっしゃりたいことは、〜ということですね」

「言い換えるとこういうことでしょうか。はじめが〜で、次は〜ということでよろしいですか？」

「では、今回は〜をやってみるということでよろしいですね」


相手がやる気を失う対応には、次のようなものがあります。

やる気を失う対応

①すぐに否定する

「じゃなくって」「でもね」「だから、それはダメなんです」

②何かと指示する

「次に〜をしてください」「〜することになってます」「早くしてください」

「ちゃんと言われた通りにしてください」

③お説教する

「～だから～することが大切なんです」

「あなたの将来のためにも～しておくことが必要なのです」

④尋問調になる

「何でできないの？」

「どうしていやなの？」

「何が問題なの？」

⑤安易に同調したり誉めたりする

「おっしゃる通り、すごいじゃん」

「あなたって天才ね」

「好きなようにやればいいのよ」


「伝わる」ということは、「言葉が聞こえた」ということではありません。「その意味が理解できた」ということです。言葉を意識的にマネージして、少しでも真意を汲み取り、教える側の真意もわかってもらうように努めたいものです。

言語スキルを活用して伝わるレベルを上げる

ポイントの整理

教える側	すぐ否定する、指示的、説教、尋問調、安易な同調・誉め言葉	5つのスキルを活用して相手の真意を引き出す
教わる側の心理	あんたが偉いのね。私の勝手にしていいのね	私のことを認めてくれてるのね。一緒に学んでいけるのね。
	一方的な教え方だ。ほったらかしだ	私の事情に関心を持っているのだ。自主性を尊重してくれる
	この人とは心が通わない	この人となら心から話しあえる
	研修だけの付き合いでいい。仕事としての付き合いしかしたくない	一生の師となってほしい。人間として付き合いたい

言葉は不思議なものである。人をダメにする言葉は、日ごとに大きくなり相手の能力をつぶしてしまう。しかし、人を活かす言葉は、日ごとに大きくなり相手の能力を開花させ、偉人にまでしてしまう。

人を活かす言葉を使おう。

3 目は口ほどにモノを言う

言葉も正確であるだけでなく、真意を引き出せることが求められることがわかりました。しかし、たとえば私が妻の育ちを知ったうえで、「お茶」を飲みたいときに、〝紅茶ではなくて玉露を飲みたい〟と正確に伝えることができたとしても、それだけで十分コミュニケーションが取れるわけではありません。言い方によっては、相手の誠意を逆なでしたり、いやな気分にさせたりすることでしょう。

言語以外の要素をマネージできなければ、意図した通りのメッセージを伝えることはできないのです。

非言語要素には音声を伴うものと伴わないものがありますが、言語に勝るとも劣らず大きな役割があります。非言語要素の役割には次のようなものがあります。

非言語要素の役割

①言葉の代わりに使う

たとえば、うなずいたり、相手をしっかり見つめたりして、聞いているというメッセージを伝えたり、相手に手を差し伸べて発言を促したりすることです。また、話したくないときに、いやな表情をするとか、立ち上がって他のところに行こうとすることなどで、意志を伝えることもできます。

②言葉の意味を強めたり弱めたり変えたりする

たとえば、「その角を曲がったず――っと先です」と言いながら手を伸ばし、〝ずーっと〟という言葉に力を入れ時間をかけることにより、かなり長い距離なのだという意味をつけ加えることができます。

また、「どうぞごゆっくりしてください」と言いながら、顔の表情で話し手は「そろそろお引取りいただきたい」というメッセージを伝えることもできるでしょう。

③話し手と聞き手の関係を示す

たとえば、服装や身につけるもの、髪型などで相手との立場を明確にすることも可能です。立つ位置や話し方で地位が高い、会話の主導権を握っているなどのメッセージを明らかにすることも可能です。

そこで、指導者としてこのような非言語をどのようにマネージすればよいか、五つの具体的なスキルをご説明しましょう。

非言語をマネージするスキル

①視線

落ち着いた、温かい視線を与えます。視線は相手の目に与えます。ただし、あまりじろじろにらみつけて威圧感を与えないこと。相手にとって負担のようなら、少しそらせて、額あたりを見ます。目線の高さをあわせます。すなわち、上から見下ろさない、下からにらむように見上げないようにします。

②うなずき

関心、理解、同意、共感などを示します。相手が目をそらしていても見えるように、積極的に聴いているというサインを送ります。理解、同意、共感などにあわせて首を動かします。

③姿勢

リラックスした前向きな

図 3-2　よい姿勢と悪い姿勢
（立ち姿、座り姿）

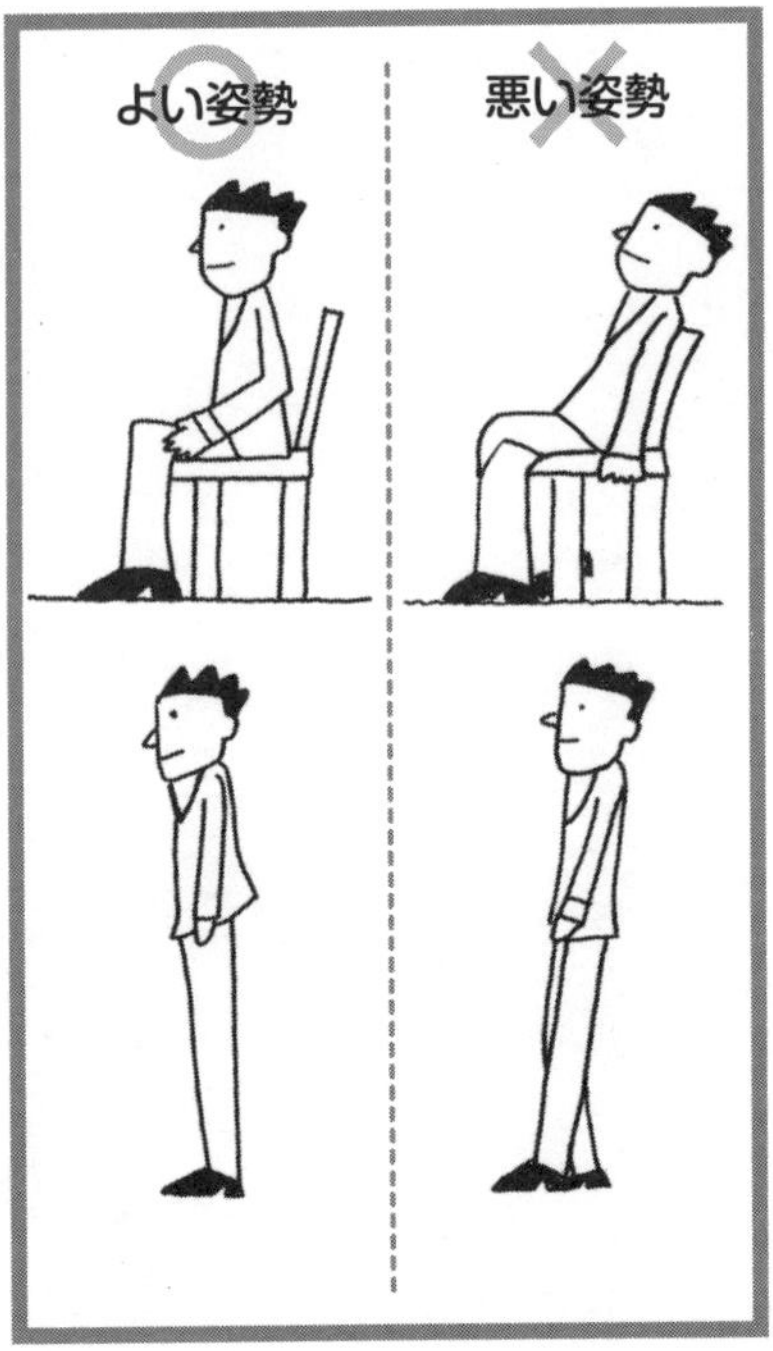

姿勢、イスの位置、距離など、落ち着いた座り方で聴いたり話したりします。積極的に聴いているという姿勢を示すには、立って話す場合はつま先に体重をかけて、やや前傾姿勢をとります。座って話す場合は背もたれに寄りかからないで背筋を伸ばして聴いたり話したりします。

④顔の表情

感情と言葉と表情が一致するように。相手の感情にもあわせて表情をつくります。基本的に話すときはできるだけ笑顔で話します。話していないときにも、さわやかな表情になるようにします。

⑤身振り・手振り

話の内容と動作が一致するように。理解を助ける動作、感情の表現を助けるジェスチャーも有効。できるだけ正面から話し、手を差し伸べるなどで、相手に働きかけているということがわかるようにします。数を表すときは指を立てます。指を折り曲げて数えるのは日本独特。

心が通うということは、単に情報が行き交うことでも、音が聞こえることでもなく、その言葉にどのような気持ちを込め、その込めた気

図3-3　いろいろな顔の表情

持ちが言語以外の要素によってどのように表現されるかで決まってくるのです。たとえ「愛しているよ」と言葉で語ったとしても、「うそでしょ。愛してるようには思えないわよ」と言われたとしたら、その真意は二つ。本当は愛していないのに愛していると言ったか、本当に愛しているのにその表現方法が間違っていたかということです。

これら五つの基本スキルの他にも、相手との距離の取り方、タッチ（接触の仕方）、匂いや色の使い方、時間の使い方など、非言語に関連する要素がいくつかあります。

すべてを最善の状態に整えることは難しいかもしれませんが、大切なことは、言葉以外の様々な要素が意味を作っているのだということを知って、できるだけ意識的にマネージしようと努めることです。

『目は口ほどにモノを言い』などと言いますが、非言語メッセージは、様々な意味を伝え、また読み取るのに大変重要な要素です。

非言語スキルを活用して心を通わせる

ポイントの整理

教える側

	表情が豊かでない教え方	表情をマネージした教え方
教わる側の心理	言ってることと表情があっていないので、真意が読めない	言ってることと表情があっているので、信頼感がある
	教え方に対して素直に反応してよいかどうかわからない	教える人と同じように素直に気持ちを表現してよさそうだ
	本音を隠したまま研修を受ける	常に本音で自由に会話ができる
	みんなブスッとして、つまらない授業風景	みんな明るく活気がある楽しい授業風景

不思議なことだが、教える側は教えている間中、自分の顔は見えない。しかし教わっている側は、教わっている間中ずっと、教えている人の顔を見ている。それなのに、教える側が、自分の顔をマネージしようと思うことは希である。

見られているという意識で、表情をマネージしたとき、新たな境地が生まれるのだ。

4 その言い方が気にくわぬ

非言語とは少し異なりますが、声の出し方や間などが大きな意味を持つことがあります。専門的には準言語といいます。この節では、準言語要素のマネジメントについてお話ししましょう。

海外赴任をした友人のことです。働き者の部下でビルさんという人がいました。遠くから見ていたり、他の人からの報告などで、頑張っていることは知っているのですが、お互い忙しくてあまり直接話すチャンスはありません。たまたま、ある日の朝、会うことができたので、〝あなたのことを信頼しているよ〟という趣旨のことを伝えようと思いました。そこで、オフィスの端のほうから、ちょっと遠くにいるビルさんに向かって、大きな声で、しかしやや強い調子で〝I trust you!〟（君のことを信頼している）と叫びました。

顔が笑っていないことは知っていましたが、怒鳴るような声だったことは、この友人も自分で気づいていませんでした。

ビルさんは、何だかがっかりした雰囲気で、弱々しく立ち去って行きました。この友人は、非言語だけでなく、準言語のマネジメントができていなかったのです。強く威圧的な言い方が、〝信頼している〟というメッセージとあっていなかったのです。

人は、言葉の表すメッセージと言葉以外のメッセージが異なっていると感じたときは、言葉以外のメッセージをより重視するといわれています。声の出し方もメッセージを作るのに大きな役割を果たしているのです。

言語ではないが音を伴うものとして、声の高さ、強勢（ストレス）、速さ（テンポ）、リズムなどがあります。また、直接言葉とは関係はないのですが、相手への印象に影響を与えるものとして、声の質（かすれ声、キーキー声など）、高さ（頭声、胸声など）、音量（大声、小声など）、話し方（流れるような話し方、途切れがちな話し方など）があります。話し方について、次の三つに大別しましょう。

話し方のスキル

①声の調子

腹式呼吸でお腹から声を出すほうが、安定して落ち着いた雰囲気を出せます。はっきりとやや大きめの声で話すことで伝わりやすくなります。

日本語は、ピッチ（高低）中心の話し方で、あまりメリハリがないのが特徴です。英語はトーン中心の話し方で、抑揚があり山や谷が大きい話し方になります。どちらかというと、トーン（音調）中心にリズムよく、しかも安定したお腹から出る声が人をやる気にさせるといわれています。

お腹から出る声が人をやる気にさせる

②声にエネルギーを入れる

メリハリをつけて、大切な言葉は強調します。感情を表す言葉には、その感情にあった声の表情をつけます。

言葉を一つひとつはっきりと言うように努めることは大切ですが、すべての単語を強く言ったとしても、必ずしもメッセージは明らかになりません。それより、一番伝えたい言葉を強く言って、意味のない言葉は言わないくらいのほうが伝わりやすいかもしれません。

ある言葉や語句を強調するときは、何はともあれ〝**大きく**〟言う。次に〝**ゆっくり**〟言う。そして〝**その言葉の直前で飲み込む**〟。すなわち、一瞬息を止めて、エネルギーを貯めてから発することで、強調することができます。

③間、呼吸、スピードなど

普段よりゆっくり話すことで、リラックスしていることを示します。呼吸を大きめにとり、話し方が相手の速度より速くならないように調節することで安定感を出すことができます。

特に呼吸は大切です。呼吸が速く、あせったような感じを与えると伝えたいことが薄っぺらく聞こえ、相手の心を打ちません。やや低めの声で、落ち着いて話すことで伝えたい意味の重さが増すのです。

前述の友人の例でもそうですが、せっかくよいメッセージを伝えようとしているのに、その言い方が適切でないため意図を理解してもらえなかったり、部下や受講生が、せっかくよい意見を述べているのに、その話し方が気にいらないという理由で、重要性を見誤ったりしては、時間の無駄遣いだし、人間関係もよくなりません。

言葉と非言語、そして準言語（声の出し方）をマネージして、よい指導者になっていただきたいと願います。

強調したいときの7つ道具

ポイントの整理

言葉

① 大切な言葉を選ぶ

声の調子

② 大きく（大きな声で言う）

③ 長く（ゆっくり言う）

④ 直前で間
（強調したい言葉の前で息を飲み込む）

非言語

⑤ 一歩前に出る

⑥ 片手を前に出す

⑦ 目を見開く

強く伝えたいことを自ら選ぶことがスタートだ。
自分が伝えたい言葉にエネルギーを吹き込もう。
言葉が意味を持つのではない。あなたが意味を吹き込むのだ。
命をかけて伝える言葉は、言霊となる。

5 体中が耳となる

言語、非言語、準言語というコミュニケーションの三つの要素を理解できたでしょうか。

実際の教育現場では、講師と受講生、および受講生同士がお互いによいコミュニケーションを取ろうと努力しています。三つの要素を活用するのも大切なことです。

それでも意思疎通は完全とはいえません。意図の食い違いはコミュニケーションプロセスの随所で起こるものです。押しつけるようなワン・ウエイのコミュニケーションでなく、双方向コミュニケーションが学習を促進していきます。

双方向とは、〝行って帰る〟だけではありません。教育で、本当に双方向になるためには、〝行って帰って、また行って〟と三回行き来してはじめて双方向だといえるのです。

たとえば、教える側が「第3節の中で何が重要か自分なりに

図3-4　双方向のコミュニケーション

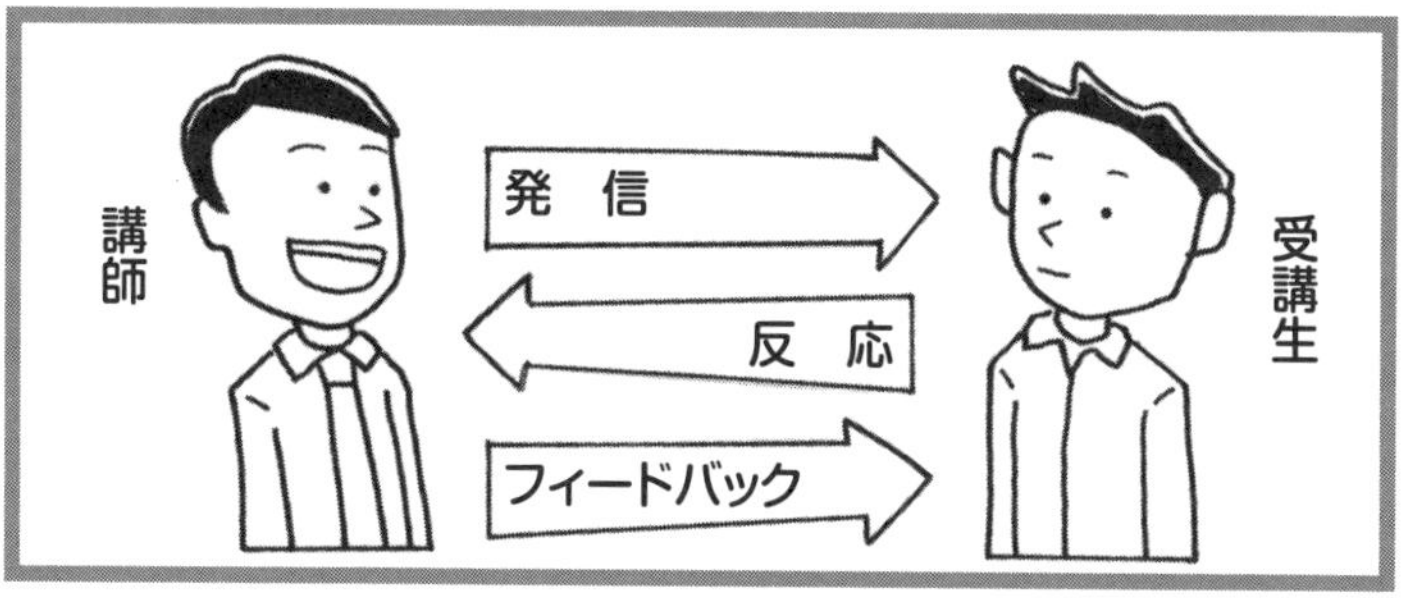

三点ほどにまとめておいてくださいね」と指示したとします。もし、受講生が何も反応しなかったら、「よかった。みんなやることをわかってくれたんだ」と思うでしょうか。

NOです。〝大丈夫ですか?〟とか言って、何か反応を求めるでしょう。

受講生が「じゃ、テキストの中から重点をいくつか引き出せばよろしいですね」とか言ってくれれば、〝伝わった〟と安心することでしょう。

双方向で確認できたように見えますが、今一歩完全に伝わったとはいえないようです。そこでもう一歩進めてほしいのです。

受講生が「じゃ、テキストの中から重点をいくつか引き出せばよろしいですね」と言ってくれたなら、その反応を体中で受け止め、さらに精度を上げるように確認しましょう。

「そうですね。テキストの中から重点をいくつか引き出して、三点ほどにまとめてくださればOKです」

このように、発信して、反応を受けて、その反応に対してOKかどうかをフィードバックする。この三回のやり取りがあってはじめて本当に伝わったと確信できるのだと感じています。

相手が心理的に意思疎通ができたと感じるためのプロセスを、もう一歩深く確認しておきましょう。すなわち、相手の反応を受け止めて、より伝える側の意図をより正確に伝えるプロセスです。

意思疎通確認のためのプロセス

①相手の言葉を受け止める

第一のステップは、相手の反応を「受け止める」というステップです。指導する側の思い込みを排除して、体中を耳として相手の言葉を聴くのです。そして聴いた内容を相手にもどして確認します。

「～のようにするとよいのではないかと思ったんだね」

「あなたの考えでは、～が適切だと思ってるんだね」

②その反応に対して問題点を明らかにする

問題点がない場合は、「その通りでよいと思うよ」と反応すればよいでしょう。しかし、もし違っていると思った場合は、すぐに「そうじゃなくて……」と修正しようとせず、まず質問を使って問題点の発見を促します。

「なぜ、その方法が適切だと思ったんだい?」というような言い方です。

そして、相手の考え方を吟味して、その問題点を分析的に解説します。

③新たな意見や指示を与える

相手が問題点を理解したと思ったら、こちらの意見や指示を再度明確に伝えます。あるいは、多少意見を修正した場合は、その点を明らかにして再度意見や指示を伝えるのです。

「では、～に特に注意して取り組んでください。いいですか」

ここでも、意思疎通のプロセスは三回のやり取りを必要としていることがわかります。

最後に、相手が納得して行動を起こす準備ができたことが確認できたら、指導者として相手に激励の言葉をかけましょう。

「よく頑張ったね」「すごく～がいいよね」「すごく今、イキイキしているね」などと言葉をかけて、やる気を高めてあげてほしいと思います。

双方向的コミュニケーションとは？

ポイントの整理

双方向的コミュニケーション → 「行って帰ってまた行って」と3回行き来するスタイル

教える側

「行きっぱなし」型	「行って帰ってまた行って」型

教わる側の心理

「行きっぱなし」型	「行って帰ってまた行って」型
指示は受けたが、少し不明瞭なところがある	指示を受けたが、少し不明瞭なところがある
ま、いいか。とりあえずわかる範囲でやっておこう	自分の理解が合っているか確認しよう
とりあえずできることをやる	講師がフィードバックで、理解の誤差を修正してくれた
講師の思惑とずれたアウトプットになった	やることが明瞭なので、期待通りの成果があがる

マリーンメソッドというコミュニケーションの手法がある。船や航空機のパイロットの規則だ。指示を受けたら、それを復唱する。すると、指示を出したほうも、その復唱された指示をまた復唱する。それで、内容が合致していれば正しく伝わったということだ。コミュニケーションに人命がかかっているのだから、そこまでやって当然だろう。

教育も相手の将来・人生がかかっている。コミュニケーションには細心の配慮が必要だ。

6 共感してから質問する

相手の問題発言や異論に対しても、しっかり受け止め、冷静に問題点を明らかにし、教える側の考えを伝えるという、真の双方向コミュニケーションが理解できたでしょうか。

相手の問題発言も、軽度の問題であれば、少し質問して修正をかけることは容易でしょう。しかし、結構ゆがんでいて、相手に気づかせるのが難しそうなときはどうすればよいでしょうか。

考え方としては二つあります。

ひとつは、相手の発言をしっかり受け止めるということです。前節でお話しした「言葉」を受け止め戻すだけでなく、その「気持ち」も受け止め戻してあげるのです。共感的な受け止めです。

二つめのポイントは、問題点を焦点化して相手に質問し、考えさせるということです。指導者から「こうしたほうがいいんじゃない？」と伝えるだけでは納得しない可能性があります。相手に考えさせ、自分で答えを見つけるように仕向けるのです。

それでは、これら二つの手法を具体的に説明していきましょう。

問題発言の修正方法

①共感的に受け止める

共感的に受け止めるとは、心から相手を理解したいと思って話を聴くことです。そのためには、相手の話を聞きながら「私の考えは〜なのに」などと自分のことに意識が向いたり、「きっと相手は〜してほしいからこんなことを言っているのだろう」などと、相手の言葉を自分の立場で解釈したりせずに、**意識を相手に向け、〝相手の立場で〟聴く**ことが大切です。〝自分の利益ため〟を考えていては、相手の心は開かれません。

相手の言葉だけでなく非言語メッセージも注意深く読み取り、相手の感情を相手の立場で理解しようと努めます。その共感を相手に伝えることにより、相手も「聞いてもらえている」と安心して話を進められます。

また、相手のマイナス感情や問題意識にも共感しますので、相手は「わかってもらえた」と、マイナス感情が開放され、本来の前向きな期待が出てきて、プラス感情へ転じる場合もあります。しかし決して、安易な同情はいけません。また、同感するのもダメです。

受講生が「こんな問題わかりっこないです。とても無理ですよ」と投げやりに言ったとします。**同情的**な受け止め「そうか、君には難しいんだ。かわいそうに」

同感的な受け止め「そうだよね。こんな問題わかりっこないよね」
共感的な受け止め「なるほど。問題が難しくてできそうにないって感じているんだね」
違いがわかりますか。

共感的に受け止める練習をするために、次の三つのステップをお勧めします。
〔ステップ１〕感情に関するキーワードを繰り返す
相手　「こんなの難しすぎてやる気がでませんよ」
指導者「この問題は難しくてやる気がでないんだね」
〔ステップ２〕感情に関するキーワードを言い換える
相手　「こんなの難しすぎてやる気がでませんよ」
指導者「この問題は難しそうで取り組む意欲が湧かないんだね」
〔ステップ３〕感情に関するキーワードを言い換え、自分の感情を付け加える
相手　「こんなの難しすぎてやる気がでませんよ」
指導者「この問題は難しそうで取り組む意欲が湧かないんだね。気乗りしないときって辛いよね。気持ちはわかるよ」

自分の気持ちを付け加えるときによく使う表現には、次のようなものがあります。

「わかります、その気持ち」
「本当に大変そうですね」
「本当に〜だったのですね」
「辛いんですね」
「そういう気持ちなのですね」

②問題点を焦点化して質問する

共感的に受け止めたら、次は問題点を焦点化してどのように解決すればよいかを質問します。解決してほしいところを焦点化、すなわち質問の対象にすることがポイントです。関係のないところを質問しても解決策を見つけられません。

(例1) すでに仕事が一杯詰まっていて、明日までにそれを仕上げるのは無理です。
◇共感的に受け止める
「仕事量に圧倒されていて、この仕事はできないと思っているんだね」
◇焦点化して質問する
「たくさんある仕事の優先順位は、どうなっているだろうか？　仕事の分析をして現実的な対応策を立てるとしたら、どんなことができるだろうか？」

（例2） 作業が遅れたのは私の責任ではありません。チームの○○さんが必要な情報を予定通りに調べてこなかったからです。

◇共感的に受け止める

「情報が不十分で作業が遅れたということなんだね。大変だったね」

◇焦点化して質問する

「しっかりチームメンバーの役割を確認して、限られた状況の中でも作業を進められるような仕事の進め方はどうしたらできるだろうか？」

人は気持ちを受け止めてもらったなら、相手の言うことも聞いてあげようかと思うものです。「共感から質問へ」というアプローチは指導するときのコミュニケーションとして、非常に有効な手法です。活用してください。

共感してから質問する

ポイントの整理

教える側

共感の言葉なしに質問する	共感してから質問する

教わる側の心理

共感の言葉なしに質問する	共感してから質問する
私の懸念は重要でないって言うの？	私の懸念を受け止めてくれてありがたい
改善しろといっても、難しいって言ってるじゃないか	難しいことを認めてくれたうえでどうするかを考えるのですね
講師の教え方を先に改善すべきじゃないの	講師と一緒に改善策を考えるなら、何か打開策ができそうだ
改善策があるなら、教えてくれてもいいじゃないか	自力で改善策を考えよう。支援をお願いします

共感とは本音の上にかぶさるふたのようなものだ。
相手に共感して、そのふたをとってあげなければ、
相手が本音に到達することは難しい。
学ぶ人はたいてい、自分の力で問題を解決して
成長したいと思っているものだ。
共感は、その思いを引き出す魔法の言葉になる。

7 自尊心のない人間はいない

部下や教える相手の能力を信じることは、効果的な教育の基本です。相手が目標を達成し業績を上げることに、自尊心が関わる部分が非常に大きいといわれています。

人は自分が認識する自分の能力に応じて動機付けられるといわれています。自らが能力が高いと思う者は高い能力を発揮して働き、自分の能力が低いと思っている受講生は成功・成長の確率も低い、ということが経験上明らかになっています。


昔、アメリカのある学校で実験が行われました。今では人体実験の域に入るので人権問題になるため許されないでしょうが、当時は話題になりテレビで放映されました。それは〝Blue Eyes, Brown Eyes〟（青い目、茶色い目）という実験です。

同じクラスの生徒たちに、「青い目の子供（人種）は優秀で頭がよい。学習もよくできる。茶色い（黒い）目の子供は人種的に劣っている。同じクラスに混在しているが、アメリカは自由の国なのでお互いに協力して勉強するように」と先生が言いわたしました。その後、何かにつけて、青い目の子は頭がいい、茶色い目の子はできが悪い、という趣旨のコメントをしていきました。

授業は等しく行いテストや学習時間も変えたわけではありません。しかし、成績の結果はどうだったでしょうか。皆さんが推察された通り青い目の子供たちが圧倒的に好成績を収めたのです。

さらに問題と思われるのは、授業中や休み時間、放課後の子供たちの態度です。青い目の子供たちは、生き生きとリーダーシップを発揮しようという行動をとるのに、茶色い目の子供たちは、ひねくれて怠惰な行動をとる者が多くなりました。

しかも、青い目の子供たちと、茶色い目の子供たちの間には、日に日に反目の空気が流れ、お互いを憎むようになっていったのです。

学期の最後に、実はこれは実験で、目の色で頭の良し悪しが決まるものではないと、真実が明かされ、子供たちは仲直りしたということです。その後も子供たちが年老いるまで、この先生とみんな仲良く交流しあったというので、真実を明かしてからのフォローは万全だったのでしょう。安心しました。

しかし、この実験は、自尊心について深い示唆を与えています。

人は、自分が優位だと思うと、優位だという自己像にあうような自己になろうと努力する、ということです。実際の能力よりも自己イメージのほうが、成果に直結しているのです。

人は自分が自分に期待するような自分になろうと努力する

また、自尊の気持ちが自分を高めるだけでなく、適切な介入がなければ、自尊心は他人を見下す気持ちに結びつくということです。

したがって、指導する者の心構えとしては、すべての教える相手に対し、自尊心を高め、自己期待感を持たせることに注力しなければならない。と同時に、能力の差があっても、人間としての尊厳に違いはないことをはっきりと伝え、お互いに切磋琢磨して健全な競争と協力的なチームを作るように配慮しなければならないということです。

結論をいいましょう。教える側は、相手の能力向上に対して限りなく重要な役割を持っています。もし講師が受講生の自尊心を傷つけたなら、その受講生の学習や成果レベルにマイナスの影響を与えることは避けられません。逆に、講師が受講生の自尊心に働きかけ高めたなら、その受講生の「有能に学習したい」という動機は高まるはずです。学習するチームを作ることができたなら、チーム全体が互いに自尊心を高めあうような理想のチームを作ることも可能でしょう。

自尊心を傷つける表現と高める表現の例を見てみましょう。

自尊心を傷つける表現、高める表現

①傷つける表現例（1）

「この問題にチームで取り組んでもらいたいのですが、現状では、あなたがリーダーとしてチームをまとめていくには、荷が重過ぎるかもしれませんね」

②高める表現例（1）

「この問題にチームで取り組んでもらいたいのですが、あなたに是非、リーダーとしてチームをまとめてもらいたいと思っているのです。特にリーダーとしてチームをまとめていくためには、どんな知識や技術が必要か考えてみましょう」

③傷つける表現例（2）

「この課題については、まだ知識が少ないようだが、いつもどんな勉強をしているんだい?」

④高める表現例（2）

「あなたのこの課題についての知識を高めるために、何が一番必要か考えてみようじゃないか」

このように、相手がレベル的に不十分であっても、自尊心を傷つけないように問題点を焦点化して、相手にその改善策を考えさせるようなアプローチが自尊心を高めて学習意欲を高める関わり方だといわれています。

自尊心を高めながら、問題点を解決させるには、育成したい点を焦点化して、その解決策を考えるように促す

自尊心を高める

ポイントの整理

	自尊心を傷つける	自尊心を高める
教える側	▼	▼
教わる側の心理	反感が生まれる。 自信を喪失する	親近感が生まれる。 自己有能感が生まれる
	やることに 熱が入らない	やることに 集中できる
	本来あるべき成果が 得られない	本来の成果以上の 成果が生まれる
	さらに自信を喪失する。 他者をねたむ	**自分に誇りを感じる。 人を支援しようとする**

人は誰でも、自分が大切だ。自分が取るに足りない存在だといわれたならば、がっかりするばかりか、周りをうらむに違いない。自主自尊の精神をうまく引き出し、自分の力を世のため人のために使っていきたいと指導することが、指導者の醍醐味である。
教える側が、自分が偉いと思わせたいなどと考えるのは下の下である。

8 落としどころはどこだ

相手がやる気を出してきたなら、相手が自分で自分にとって一番よい方向を見つけ、一歩を踏み出すことが望ましいでしょう。コミュニケーションを通して、相手が自分の道を歩み始めるように仕向ける考え方をお話ししておきましょう。指導的会話の進め方とでもいえばよいでしょうか。

基本的には、質問を使いながら相手に進みたい方向を見つけさせるのです。そのためには一定のプロセスを意識して話を進めなければなりません。

指導的会話では、質問を使いながら相手に進みたい方向を見つけさせる

最初は、**相手がどのような人生目標をもっているのかに気づかせる**ことです。目標に気づいたら、それをいつまでに、どのような手段で実現するのかについても質問しながら明らかにしていきます。そして、その目標を本当に達成したいのだということに確信を持たせるのです。

言い方としては次のような表現が使えます。

「あなたの将来の方向について話したいのですが、よろしいですか?」

「あなたが特に話したいことはありますか?」

「あなたがこれから数年で達成したいことは何ですか?」


次に、**その目標に関係する相手の現状を確認**します。相手は、その目標を達成するために、今何をしているか。何がうまくいっていて、何がうまくいっていないか。どのような資源や支援が得られるのか。どのような資源がさらに必要か。

言葉としては、次のような表現です。


「その目標に向けて、現在どのようなことをしていますか?」

「その現在の行動で、うまくいっている点は何ですか、また、うまくいっていない点は何ですか?」

「その目標達成に関して支援してもらえそうな人はいますか?」

「どのような学習をする必要がありますか?」

「もし、誰かに協力してもらえるとしたら、誰にどんなことをお願いしますか?」


そして、やりたいこと、やるべきことと現状が把握できたら、**具体的に何から始めればよいのかを検討**します。

ここでブレーンストーミングなどを使って、目標達成のための方法を色々考えます。最初から〝この方法に決まってる〟などと決め込まないで、自由に様々なオプション（選択肢）を考えるのです。選択肢は多ければ多いほど有利になります。

ブレーンストーミングとは、短い時間にたくさんのアイデアを考えるディスカッションの手法でした。四つのルールを再確認しておきましょう。

ブレーンストーミングの四つのルール

①質より量：よい意見でなくアイデアをたくさん出すことを目指す
②連想発展：人の言ったことによく似たことを言ってよい
③奇抜歓迎：突飛なアイデアを歓迎する
④批判厳禁：真似をしても、突飛なアイデアでも決して批判しない

このステージでの表現例

「考えつくアイデアをできるだけたくさんあげてみましょう」

「その課題実現のためにできることを、五つ以上あげてみましょう」

「他に考えられることはないですか？」

「その案のメリット（利点）とデメリット（欠点）は何でしょうか？」

そして最後に、相手にどの選択肢を選び、いつからどのように実行するのかを確かめます。**自分でいつまでに何をするかを決めさせる**のです。

「これらの選択肢の中で、優先順位をつけてみましょう」

「これらの選択肢の中で、最適案はどれでしょうか？　それは実行可能ですか？」

「本当にその実行案を選びたいのですか？その理由は何ですか？」

「実際には、いつ、どのように始めますか？」

「それをやり続けることで、目標が達成できると思いますか？」

相手がやる気を出してきたら、相手が本来やりたかったことに気づかせ、自分の口で進むべき方向を言えるように導いてあげましょう。そうすれば、ただ漫然と会話を楽しみ、よい人間関係ができたというレベルにとどまらず、指導者として、相手が自己成長できる道を自分で選ぶ支援ができるわけです。指導者冥利に尽きます。

指導的会話の進め方をまとめましょう。

（1）目標を明確にする。
（2）現状を確認する。
（3）目標達成の方法を検討する。
（4）実行すべきことを決定する。

言葉あそび

指導者として意識的に質問を活用して「会話」をすることがいかにパワフルかがわかりましたね。しかし、会話はよく磨いて実践しないと、無意識に堂々めぐりの「回話」になったり、何を言いたいのかさっぱりわからない「怪話」になったりします。

相手が、自ら問題に対する答え＝解答を得られるように導く「解話」を演出できれば、指導者も相手もともにうれしい「快話」をエンジョイできるでしょう。

がんばりましょう。

方向を定めた会話を行う

ポイントの整理

	何となく相手にあわせて会話する	方向を定めて会話する
教える側	何となく相手にあわせて会話する	方向を定めて会話する
教わる側の心理	不安定な気持ち	目標が明確になる
	現在何が問題かわからない	現状の不足点などが見える
	将来に向かってすることが不明	今すぐやることが明確になる
	現状のまま、どうどう巡り	自信を持って一歩を踏み出せる

未来のことはわからない。だから、自分で創るのだ。目標を定め、現状を見つめてそのギャップを知り、そのギャップである問題を解決するために何をするかを決める。
それをやり続けることで、自ら描いた未来が現実となる。指導者として、相手の未来を、相手が望むように導いてあげることができるなんて、素晴らしいことだ。

9 相手のステージで踊る

目標・方向を定めて会話を進めることの大切さはわかりました。でも、相手も生き物。それぞれ事情があるのです。特に、現在の意識・認識レベルは指導者の憶測とあっていない場合のほうが多いかもしれません。

まず、今教えようとしていることについて相手がどの程度の習熟度かを見分け、そのレベルにあった指導のアプローチをとりましょう。そうすれば、相手は階段を登るように、一歩一歩着実に習熟度を増していくことでしょう。

習熟の度合いを四つに分けて見てみま

表3-1　段階別の習熟度

ステージ・レベル	習熟の度合い
第1ステージ 教える レベル	仕事を指示し、助言してくれる指導者から学ぶ。はっきりと指示をし、正確にこなせるように指導しなければならない。
第2ステージ 育てる レベル	独立した個人としての能力を発揮する。やるべきことは経験して理解しているので、自分なりの工夫やアイデアを盛り込むように指導する。
第3ステージ 育つ レベル	幅広い技量を持ち、チームメンバーと協力して成果をあげる。自分なりに考えて、やるべきことも決められる。裁量を広げるように指導する。
第4ステージ 任す レベル	チームのリーダーとして影響力を発揮し、全体の目標や成果に貢献する。全体を任せるように指導するが、中心概念を外さないように気にかけておかねばならない。

しょう。

そこで、指導するときには、レベルにあった適切な指示を与え、相手が指示通りに行動できた場合は、それを認め誉めてあげなければ、相手は期待に添えたのかどうか、確信が持てません。

指示と、その承認の連関がとれていることが大切です。

相手の習熟度にあわせた指示ができること、指示に連関した誉め言葉が使えることが大切

それでは、各レベルでの相手の求めているものと、それにあわせた指示の表現、および、指示に連関した誉め言葉の例をあげてみましょう。

第1ステージ　「教えるレベル」

◆受講者のニーズ

・何を、何のために、いつまでに、どのレベルまでするのかを知りたい。
・実行するための知識、スキル、考え方などを整理して具体的に教えてほしい。
・実際のやり方をやって見せてほしい。

◆指示と誉め方

「手順通りにやってみてください」　→　「手順通りできましたね」

「今見たやり方でもう一度お願いします」→「正確にできましたよ」

第2ステージ　「育てるレベル」

◆受講者のニーズ

・何をやるかは間違えないように確認してもらいたいが、自分なりに考えて工夫をしてみたい。
・少しは主体的に挑戦してみたい。
・まず自分でやってみるので、適切なアドバイスをしてほしい。

◆指示と誉め方

「ここは、どのような工夫ができますか?」→「うまく工夫できましたね」

「どうするともっと効果的にできるでしょう」→「このやり方は効果的でしたよ」

第3ステージ　「育つレベル」

◆受講者のニーズ

・内容には自信ができたので、何をすればよいかは自分で考えて進めたい。
・自分一人ではなく、他のメンバーとの連携の仕方など、視野を広げる指導をしてほしい。
・何か新しい分野への知識や、広い範囲の視野が持てるようになりたい。

◆指示と誉め方

「次に何をすればよいでしょうか?」 ↓ 「やるべきことをよく把握してますね」

「こんなときは何をすればいいのでしょう」 ↓ 「そうすればいいのか。さすがですね」

第4ステージ 「任すレベル」

◆受講者のニーズ

・あまり指示しないで、全体を任せてほしい。

・人を指導する場合の考え方などについても、気づきを得られるといいな。

・チームのリーダーとなるためのリーダーシップの取り方についても知りたい。

◆指示と誉め方

「仕事全体の中心概念は何でしたっけ」 ↓ 「さすが要点を抑えていますね」

「一番重要な点は何だったですか?」 ↓ 「肝をとらえているので安心です」

相手のステージで踊る、すなわち、相手が現在いる領域で指導の仕方を決めることが大切です。

相手のステージで踊る

ポイントの整理

教える側

相手のステージを意識せずに指導する	相手のステージを意識して一段あげるように指導する
▼	▼

教わる側の心理

課題があいまいなまま成長を願う	焦点を当てるところがわかる
高望みや停滞が混在したゴール	一歩先のゴールがわかる
無理をしすぎて失敗するか、できることしか行わない	これならできると自信が湧く。目先の目標が明確になる
目標未達成で自信喪失か、現状のままで不満足	勇気を持って一歩を踏み出し、着実な成果をあげる

大きな志を持つことは大切だ。しかし、それに至るステップが不明確だと、高望みの空回りとなる。ステップバイステップ、一つひとつ段階を登って、着実に成長していくことで、大きな志にも近づいていく。

10 教える相手はあなたの鏡

ミラーリングという言葉があります。鏡に映ったあなたの姿が、あなたとまったく同じ動作をするように、話している相手の行動と同じ行動をとるという行為のことです。カウンセリングなどの場で、カウンセラーが、クライアント（相手）の話を聞きながら、相手の姿勢やジェスチャーなどを同じように真似て、波長をあわせるという行為などがそれにあたります。

指導の現場で、まず相手との波長をあわせる、すなわちよい雰囲気をかもし出すことは重要です。その後の会話が進めやすくなり、本音を話してもらいやすくなります。

しかし、波長をあわせる、あるいは波動を整えることは、なかなかうまくいくものではありません。

そこで、このミラーリングという技術が役に立ちます。

まず、相手との位置関係の整え方についてお話ししましょう。

しっかり椅子に深く腰をかけ、最初は背もたれにはもたれないようにします。手は軽く机の上に置くのがよいでしょう。距離としては近すぎて、相手の個人的な領域に入り込むと脅威を与えます。かといって遠すぎると不安感を与えます。通常座った位置関係で七五〜一二〇センチ前後が安心感のある距離だといわれています。

ただし、人と人との対話の距離には、文化の違いや、個人の育った環境などによって安心できる距離と、不安や脅威を感じる距離というものが変わってきます。相手が安心する距離を察知して、そのスペースを維持

図3-5　プライベート・ゾーンの違いにより違和感が起こるメカニズム

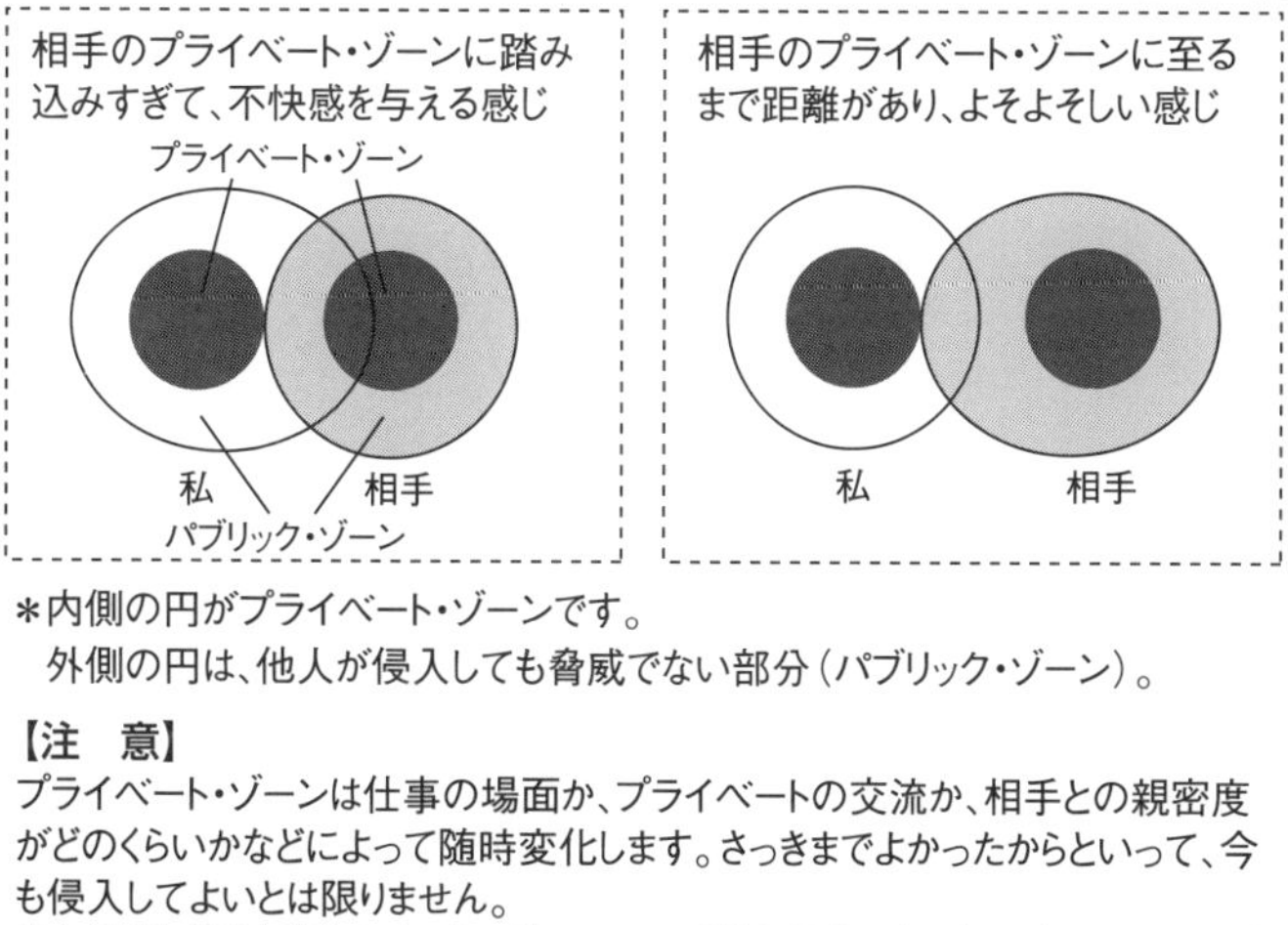
相手のプライベート・ゾーンに踏み込みすぎて、不快感を与える感じ
プライベート・ゾーン
私
相手
パブリック・ゾーン
相手のプライベート・ゾーンに至るまで距離があり、よそよそしい感じ
私
相手

＊内側の円がプライベート・ゾーンです。
外側の円は、他人が侵入しても脅威でない部分（パブリック・ゾーン）。

【注　意】

プライベート・ゾーンは仕事の場面か、プライベートの交流か、相手との親密度がどのくらいかなどによって随時変化します。さっきまでよかったからといって、今も侵入してよいとは限りません。
常に距離感覚を察知しながら、特にタッチが伴う場合は相手のプライベート・ゾーンを十分尊重して、安易にタッチしないように気をつけましょう。

【適切なスキンシップ】

接触の有効なゾーン：手、腕、膝、肩、背中など。それ以外の部所に接触する場合は、様子を見て、安心感があることを確認してから触る。

できるスキルも重要です。相手のプライベート・ゾーンに進入することは、時には恐怖や不快感を作り出しますが、上手に活用すれば、親しみや親近感を醸成することに役立ちます。

体をミラーにする。不思議ですが、指導者であるあなたは、自分の姿や表情はよく見えません。しかし、相手は常にあなたの姿・表情を見ているのです。したがって、あなたの体の動きが相手の気持ちに影響を与えるということは想像に難くないわけです。

一番相手が安心する姿・表情とはどのようなものでしょうか。それは、自分と似ているものなのです。人は似ているものには親近感を感じるものなのです。これを「類似性の法則」といいます。

事柄でもよいでしょう。同じ県の出身、趣味が同じ、家族構成が同じなど、何でもよいのです。似ていることを発見すれば、なぜか安心します。

だから、体の動きや呼吸、表情などが、自分のものと似ていると無意識に感じたとき、相手の気持ちは安定します。

人は似ているものには親近感を感じるものである

相手の動きにあわせる「ミラーリング」が効果的な理由がおわかりいただけたでしょうか。

心も同じです。相手の心理状態に合わせる、というか、相手の心理状態に共感を示すことで、ミラー効果を出すことができます。相手が心理的に安心できれば、本音を話してくれる確率は格段に上がるでしょう。

相手が、心を開かないなと思ったら、それは、あなたが心を開き、共感を示していないからではないかと疑うべきです。

向かいあう相手の心は「合わせ鏡」です。相手の心理は、あなたの心理の影だと思うべきなのです。相手の心理状態は、指導者の心理状態を模倣するのです。

指導することは難しい。でも、指導することは、コミュニケーションを通して多くのことを学べるチャンスです。ひょっとしたら、学びは指導する側のほうがずっと多いかもしれません。そんなチャンスを与えてくれる相手を尊重し、相手がそこにいること自体が愛である、自分の成長や存在も可能にしてくれると思って感謝することから始めましょう。温かく、心が通ったと思えるときの感動をあなたにも味わってほしい。そんな願いを込めてこの章を閉じることにしたいと思います。

プライベート・ゾーンを調整する

ポイントの整理

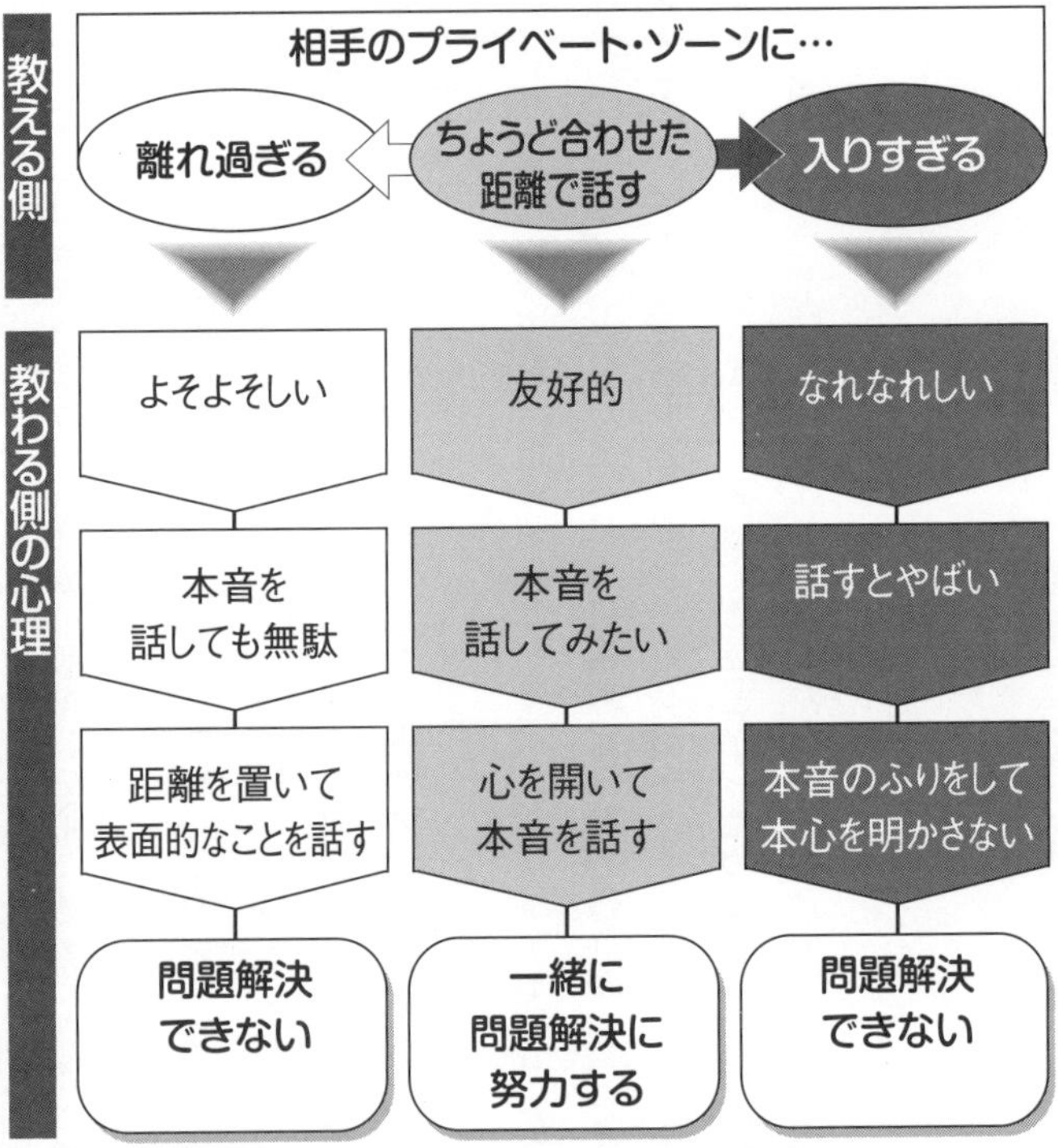
教える側
相手のプライベート・ゾーンに…
離れ過ぎる
ちょうど合わせた距離で話す
入りすぎる
教わる側の心理
よそよそしい
友好的
なれなれしい
本音を話しても無駄
本音を話してみたい
話すとやばい
距離を置いて表面的なことを話す
心を開いて本音を話す
本音のふりをして本心を明かさない
問題解決できない
一緒に問題解決に努力する
問題解決できない

距離とは第一義的には物理的な距離をいう。
まず、ミラーリングで有効的な距離を押さえよう。
しかし、距離とは本当は心理的な距離をいう。
心が開いてくれば心理的な距離は縮まる。
相手のハートに手が届く距離で話したいものだ。

11 演習「自尊心を高める」

人間の欲求の中でも承認欲求（認められたい）という欲求ほど強いものはありません。人間は誰からも無視されたり、きらわれたりしたら生きていけないものです。しかし、私たちは日頃から指導するときに、無意識のうちに相手を傷つけるような言動をしている可能性があります。自分の過去を振り返り、意識的にまた無意識的に人の自尊心を傷つけたり・高めたりした経験を思い出しましょう。

1．他人に自尊心を傷つけられた経験

（例）今月はあなたの成績がよかったですね。たまたま運がよかったのですね。

2．他人に自尊心を高められた経験

（例）あなたの営業報告、わかりやすいですね。他の人へ参考に見せてもいいですか。

3. あなたが意識的に、あるいは無意識で他人の自尊心を高めた経験

4. あなたが意識的に、あるいは無意識で他人の自尊心を傷つけた経験

5. 他人の自尊心を傷つけたそのときに戻り、その人に対して今ならどう言えばよいと思いますか。相手の自尊心を高める表現に変えてみましょう。

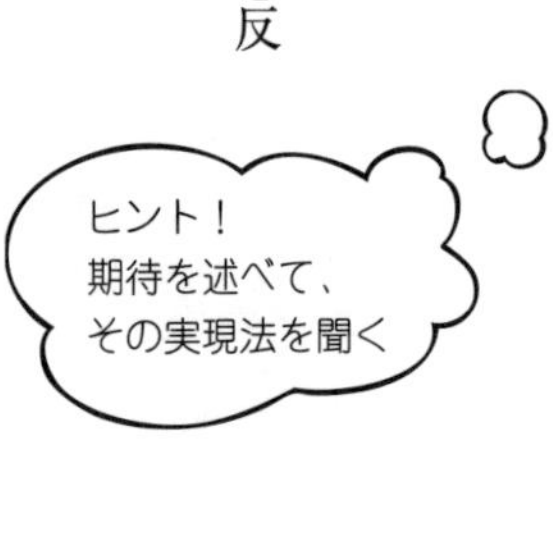

＊この言葉を、その人に向かって心の中でつぶやくことで、あの日のことを反省し、今後同様のことを誰に対してもしないよう心に誓いましょう。

第4章

人を育てる喜び

1 育成のコツは感動を与えること

「あなたが人にしてもらいたいと思うことを、人にしてあげなさい」とは、有名な黄金律です。教える側は教わる側が何をしてほしいと思っているかをよく知らなければ、本当に教わる人の役に立たないのではないでしょうか。逆に、教わる側の期待するものが与えられてこそはじめて、教わる側の満足が得られるのです。

では、教わる側に満足を与える要素とは何でしょうか。

私は、3Kをお勧めしています。三つのK、すなわち**「感動」「個別化」「価値承認」**です。

満足を与える教え方は3Kで！　3Kとは、感動、個別化、価値承認

それでは、感動を与えるとはどういうことか考えてみましょう。

感動とは、受け手が期待していたもの以上のものを受け取ったときに生まれます。お店では、よい料理を食べられたという満足にプラスして、心温まる接客をされたとき。ファーストフードのお店であっても、「ハンバーガー二〇個ください」と注文されて、「店内でお召し上がりですか、お持ち帰りですか」と聞かれたのでは腹が立ちます。「一人で二〇個のハンバーガーを食べるわけないだろう！」って。

すなわち〝感動〟とは、マニュアル通り、杓子定規に決められたことだけをされたのでは生まれない。マニュアルや規則を超えて、何かプラスアルファのことをされたときに生まれるものなのです。

人を教える現場ではどういうことになるでしょうか。

おそらく、教わる側が「〝私のために〟教えてくれているのだ」と感じることではないでしょうか。いつでも、誰にでもするのと同じように（マニュアル的に）教えているのではない。〝私のために〟教えてくれているのだと感じたとき感動が生まれるのです。

ここで間違ってはいけないことは、教わる側は〝私のために〟してくれていると感じることが大切ですが、教える側は〝相手のために〟教えているという見方をするべきでないということです。〝相手のために〟という視点は、教える側の視点です。私が考える〝相手にとって重要なこと〟は何かという視点です。

こんなによい教材を準備してあげた、こんなに詳しく知識を教えてあげた……、などという独りよがりの視点です。あるいは、宿題を記述式にすると、全員の作品をひとつひとつ読むのはとても時間が足りない。みんなのためだから宿題は出すけれども、〇×式で簡単に採点できるようにしよう……などという自己都合による視点です。

相手をできるようにしてあげる、という視点から出た「相手のために」ではなく、本当に大切な視点は「**相手の立場で**」考えることなのです。

コンビニであっても、「お昼時にお弁当の需要が高まるので、品切れしないように朝の内から大量に仕入れておく」のは〝お客様のため〟かもしれませんが、〝お客様の立場〟に立てば、お昼時に食べたい弁当は、お昼前に作られた弁当です。直前にたくさんの弁当を作るのは難しいから、という理由で、お客様の立場を無視したなら、（品切れでなくて）弁当を買うことはできた、空腹は満たされたという最低の顧客満足は与えられるかもしれませんが、冷めた弁当を買ったお客様の感動を得ることはできません。

炊き立てのご飯で、今調理した弁当を手にしたお客様なら、「コンビニでここまでするか」と、感動を覚えることでしょう。お客様の立場で考えれば、せっかくの昼食はできたてのお料理を食べたいのです。それがリピーターを作る秘訣です。

「相手のため」ではなく「相手の立場で」考える

人を教える現場ではどうでしょうか。

私は、エンエイブリング（enabling）という観点が重要だと考えています。エイブルとは「できるようになる」ということです。相手に何かしてあげるのではなく、相手ができるようになるように導くことです。相手の立場になって、相手に何が必要かを常に意識することです。

本当に相手の立場になって考えるためには、相手に対する関心が強くなければなりません。自分のしたいことに関心があるだけでは不十分です。**相手の成長や成功は自分の責任だと思えるくらいの使命感**を持って望めば、やっていることに情熱が湧いてくるでしょう。教える者としての情熱、相手の立場で考える情熱が、相手を感動させるのです。

では、３Ｋの二つめ「個別化」とは何でしょうか。

これは、相手の一人ひとりに特有のストーリーを聞き出すことの重要性のことです。教える者としては、ある一定の方法を使えば、大抵の場合はうまくいくという手法を身につけていることでしょう。しかし、相手は〝生き物〟。一人ひとり違った個性や経験を持っています。

「ここは皆さんこんなふうにされますので、皆さんもそのようにお願いします」のような言い方は一般化されすぎていて感動を与えません。「学校で……のように教わってこられたＢさんなら、こんなふうにしてみたらうまくいくのではないでしょうか」というような言い方で、相手の固有のニーズ、個別の事情を聞き出し、それを使って対応をしていくのです。

固有の事情を知るためには、**常に固有の情報に対してアンテナ**を張り、個別に聞き出すよう努めなければなりません。

休憩中の受講生同士の会話、社員の昼食中の雑談などに耳を傾けるのもよし、日頃からちょっとした接触の機会に、意識して教えている内容に関する関連情報を聞き出すように努めてください。

「……については、今までどのように教わってきた?」とか「……について一番難しいところはどういうとこ?」など、さりげなく質問していれば、かなりの個別情報が集まります。それらを、教えているときに活用して、相手の持っているストーリー（文脈）の中に、今教えようとしている内容を組み込んでいくのです。

決して、教える側のストーリーに無理矢理相手をあわせようとしないことが大切です。

３Kの三つめは「価値承認」でした。

これは、教えている相手の反応に対する承認、すなわち何か言ってくれたら誉めようということです。どのような言動でも、教える側の依頼に対して、エネルギーを投入して反応してくれたのだから、まず**反応できたことを祝福**してあげるべきだと思います。

もし、反応してくれたことが間違っているなら、間違いを厳しく指摘することは必要かもしれません。しかし、回答の精度の如何に関わらず、検討の材料を提供してくれたことに対しては祝福の言葉を投げかけたいものです。

「よく考えて身近なポイントと結び付けられましたね。よかったですよ」とか「あなたの発言のお陰で、○○という点に気づかされました。ありがとうございます」とか。相手の反応が意味のあるものであることを伝えるのです。

たとえ間違いでも、それを通して皆が学びを深められれば意味があります。教える側の責任は、相手のあらゆる発言に意味を見つけ、それを伝え、次のチャンスでも反応して貢献しよう、自分の成長に自ら積極的に関わろうという気持ちを高めてあげることなのです。

相手がしてほしいこと、それは自分を信じ、自らの力で成長していくことを支援してもらうことです。相手の代わりにしてあげることでも、教える側の視点でよかれと思って押しつけることでもありません。ましてや、杓子定規な万人に共通のアプローチで、相手の個性に無関心では到底感動を与えることはできないでしょう。

一人ひとりをよく見て、相手の立場で考えて、感動を与えようという情熱を持ち続けてほしいと思います。教えること・相手の成長に責任を持つという使命感が相手に感動を与えるのです。

2 信念に天恵あり

私が最初に就職したとき、社長が教えてくださった言葉に**『信念に天恵あり』**というのがあります。これは、信念を持って事に当たっていれば、天からの恵み、すなわち支援が得られる、という意味です。

自分がすべきことだと確信して、熱心に、一心不乱に仕事に打ち込んでいると、何か急にインスピレーションのようなものが湧いてきて、突然視野が開けることがあります。壁がすっと消える感じです。皆さんはそのような体験はありませんか。

あるいは、何か問題があって、自分の責任だから何とかしようと本当に熱心に解決に当たっているとき、誰かが手助けの手を差し伸べてくれるという経験はありませんか。

自助努力で、真剣に物事に取り組んでいる人には、周りの人も何か手助けをしてあげたくなるものです。このような話を聞いたことがあります。

あるコンピュータシステムのＳＥ（技術者）が、取引先の銀行のＡＴＭが故障したということで、夕方から修理に向かいました。意外に難しい修理で、一時間たっても二時間たっても回復しません。銀行の課長さんは、「終業までに何とかしてよね。明日開店の時には通常通り動いていなければならないんだから」と言ってプレッシャーをかけます。このSEさんは、この銀行のATMは自分が設計から関わっている愛着のあるシステムなので、何とか回復するように必死で取り組んでいるのです。

夜になりました。銀行の課長さんは「もう残業の時間帯だよ。早く何とかしてくれなければ帰れないじゃないか」と催促します。SEさんは、あせってきましたが、諦めず夕食もとらずに色々な可能性を追求して修復に当たっています。夜の一〇時を回ったでしょうか。銀行の課長さんは、必死で取り組んでいるSEさんが気の毒になったのか、パンと牛乳を差し入れして「もしダメだったら明日は別の機械だけで開店するから、直しは明日でいいよ」と言いました。それでも、SEさんは諦めずにあれやこれや試しています。パンと牛乳のお礼は言いましたが、それ以外のことには目もくれないのです。

終電の時間が近づいてきました。課長さんは、SEさんのただひたむきに打ち込む姿に、何とも言えず、「今夜は泊まりか……」と帰宅は諦めました。夜中の一二時を回ったでしょうか。シーンとした銀行のフロアから何やらうなり声のような声がします。近づいてみると、このSEさんが「動いてくれ、動いてくれ。神様お願いします」とATMに手を合わせながら拝み、神様に祈っているではありませんか。そしてまた、何やら作業を続けているのです。

このSEさんも、神様に祈ることも含めてあらゆる可能性を追求しているのでしょう。思わず課長さんも、ATMが動きますように、ではなく、「このSEさんを助けてあげてください」と神様に祈りをささげていました。

夜中の三時頃までは意識がありましたが、ついうつうつして明け方、課長さんが気がついた時、SEさんは同じ格好でATMと格闘していました。しかし表情はどこか明るい感じがします。「どうなんだ。何とかなりそうか」と声をかけ、一緒に工具を渡したり、カバーを移動したりして、まるで二人はチームメートのように、修復作業に取り組んでいます。あと一時間ほどで社員が出社してくると思われる時間。ついに、SEさんは叫びました。「できましたよ、課長さん!」「そうか、よかったな!」抱き合って、ATMの周りで踊っている二人の姿がありました。

単純な話かもしれません。しかし諦めないことの重要さがよくわかる話ではないでしょうか。物事は、諦めた時点で成功は確実に手から離れていきます。諦めなければ成功する可能性は残っています。困難だと思っても、その困難から遠ざかれば成功から遠ざかることになるのです。

困難から遠ざかる者は、成功から遠ざかるものである

困難に負けず、自助努力をしたSEさんに、天使も支援の手を差し伸べたに違いありません。そして、もうだめかと思っても諦めなかったから、何かしらのインスピレーションが浮かんできたのではないでしょうか。

諦めない姿勢、これは大切です。自分で〝できない〟と決めたなら、誰でもできない理由を理路整然と並べることができます。かなり深く関わったことなら、完璧な「できない理由」を述べることができるでしょう。しかし、いくらできない理由がわかっても、やりたかったことができるわけではありません。

それなら、**できない理由ではなく、どうしたらできるのか**、一つでも二つでもヒントを探し、どんな小さなことでもきっかけがつかめたら試してみる。時間がかかるかもしれません。苦しいかもしれません。しかし、知恵を使い、汗を流してトライすることから、かならずや道は開けてくるでしょう。

教育は時間がかかります。相手の成長は、教える人が考えるほど速いものではないかもしれません。反発もあれば、善意を理解してもらえないこともあるかもしれません。

それでも、人を育てるということはこの上ない喜びです。

あたかも、河の土手に木を植えて、それが育って水害を抑える堤防を作ろうとしている老植木職人のように、その結果を自らの目で確かめることはできないかもしれません。それでも、将来の治水のため、人々の幸福のため、諦めずに淡々と努力をする姿は、とても尊いものに見えます。

教育は人づくりです。人は繁栄という大河の土手です。立派な人を育てて、社会や国家の繁栄に貢献することができることが指導者の喜びではないでしょうか。

信念を持つ

ポイントの整理

信念を持たないで取り組む

困難なときは「できない理由」を挙げる

現実からの発想に終始する

発想が小さくなる Think small

陳腐な結果

結局できるようにならない

信念を持って取り組む

困難なときは「どうすればできるか」を考える

様々な可能性を考える

発想が大きくなる Think big

創造的な結果

突破口が見つかり前進する

困難から遠ざかる者は成功から遠ざかるものである。

信念に天恵あり。

諦めない姿勢が成功を引き寄せる。

3 積小為大

信念があり夢を抱いたとしても、すぐに達成するものではありません。ましてやよい指導者になる目標など、かなりの道のりのように見えます。多くの人は途中で息切れすることでしょう。そこで、大きな目標を達成するときに、どのように考えたらよいか、そのアプローチをご紹介します。

まず第一は、自分の**夢や目標の確認**です。自分の夢が私利私欲から出たものなら、叶ったとしても自分だけが嬉しいだけで、喜びが周りに広がりません。夢が公のもの、すなわち、世の中をよくし人々を幸せにするものであれば、それが叶ったときは、自分も周りも喜びが拡大していきます。このような利他の要素に基づく夢のことを志というのです。

志は高ければ高いほどよいのです。明治維新の志士たちが、「我路傍の屍となろうとも、一〇〇年後の日本のために命をかける」という思いで獅子奮迅の努力をしたおかげで、日本の近代化が実現したように、皆さんが世のため人のために、よい指導者となろうと、大きな志を持つことは重要だと思います。

しかし、「世界に通用するリーダー」などと志を立てたとしても、急にそのようになれるわけではありません。すぐに大きな成果が上がらなければ、途中でいやになってしまうこともあるでしょう。

そこで、大きな志を立てた後は、その達成のためのステップをできるだけ細かく分ける、すなわち**行動を細分化**するわけです。小さな単位に分ければ実行可能な行動が見えてきます。しかし、志が大きければ、細分化した行動は多くなります。するべきことをすべて書き出してみましょう。書き出せばたくさんあるとは思いますが、おそらく一〇〇も二〇〇にもならないと思います。英語でメールが書けるようになる、部下のよいところを見つけて口に出して言えるようになる、明るいあいさつができるようになる、いつも感謝の言葉が出るようになる……など。もし一五項目あったとしたら、それでも全部実行するのは大変だと思います。どれからすればよいか迷ってしまいます。

そこで、**優先順位**をつけます。優先順位のつけ方は「パレートの法則」を活用しましょう。八割・二割の法則ともいいます。重要な二割を押さえれば、全体の八割をカバーするという考え方です。一五項目すべて実行しなくても、そのうちの二割、すなわち三つを押さえれば、一五項目すべて実行した場合の八割の効果があるということです。完全主義でなく、八割主義でいくならば、重要な三つを実行するだけでよいのです。何はともあれ、明るいあいさつと感謝の言葉だな、それと『英語でメールが書ける本』を三カ月でマスターしよう、とか。

優先順位は「パレートの法則」にしたがってつける

最後にもうひとつ重要なことは、その選んだ三項目を確実にやりきるということです。**一点突破**といいます。小さなことでも、突き抜けて成果を上げれば、自信もつくし、周りへの影響も絶大になります。どの程度になればできたといえるのか、自分で基準を決めて、納得できるまでやりきるのです。

こうして三つの項目ができたなら、次にまたその時点で志を達成するために必要なことを細分化して書き出し、重要な二割を決め、それを一点突破する。この作業を繰り返していけば、必ずや志に近づいていきます。いくら志を持っていても、そこに至る最初のステップをクリアしなければ、決して志に近づいてはいかないのです。

このアプローチを実践してみてください。

図4-1　「積小為大」とは

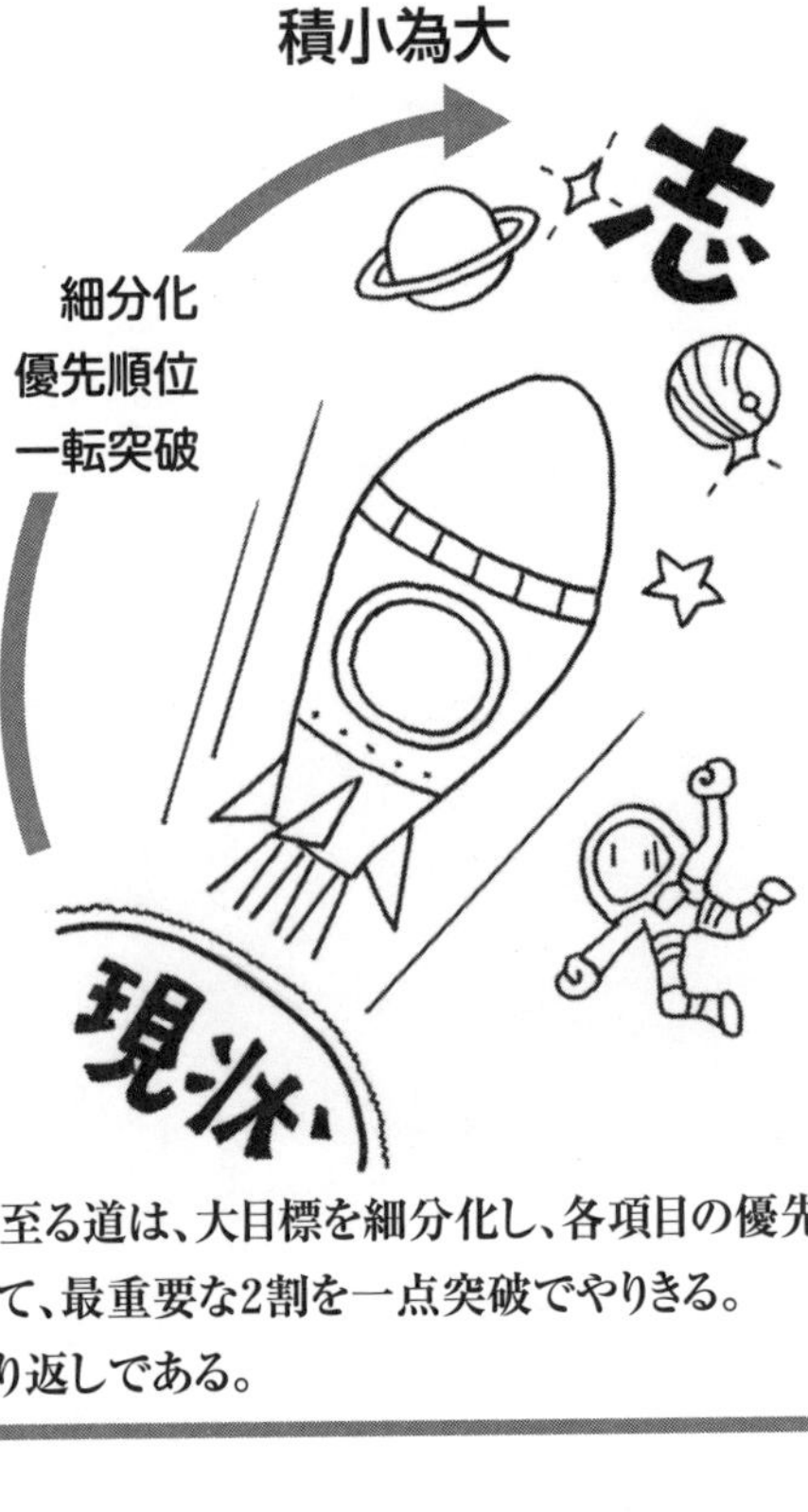

大志に至る道は、大目標を細分化し、各項目の優先順位を決めて、最重要な2割を一点突破でやりきる。
この繰り返しである。

4 成功の鍵は「愛」

人はなぜ人を育成することに喜びを感じるのでしょうか。自分より優れた人を輩出したら、自分の立場が脅かされて損じゃないですか。時間をかけて、エネルギーを投入して、なぜ優れた人材を育成したいと思うのでしょうか。

人はそれを母性本能と呼んだり、種の保存本能と呼んだりするかもしれません。しかし、私はそれを**人間の愛の本能**だと考えています。

あらゆる人種、地域に関わらず、人間が愛を持っているということに反論する人はいないと思います。そこで、愛の本質を少し考えてみましょう。

愛には「自己愛」というものもあり、自己保存欲求、自分が他よりよくなりたい・よく見られたいという欲求もあります。これは自己成長の過程で、自分を高めるために必要な愛でもあるでしょう。

しかし、自己愛は人間として完成していく途中の過渡的な愛です。人は、成長する過程で、なぜ自分を高め、成長したいのか、その理由を知るようになります。その理由とは、他の人々の幸福や社会の繁栄のために貢献するためだと気づくのです。自分だけが偉くなって周りが悪くなるということは不可能なのです。

会社が発展すれば、自分の境遇もよくなるでしょう。自分が実力をつければ、会社も繁栄するはずです。

人という字は、支えあう二人の人間の姿を型どっています。人は一人では存在できないのです。地球が発展と調和のエネルギーで存在しているように、人も社会の発展と調和に貢献するために存在しているはずです。そうであるならば、人間の本能には人を支えながら自らが成長し、他者を成長させるという本能が埋め込まれているのではないでしょうか。

愛といっても、男女の愛情のことをいっているのではありません。もちろんそれも含みますが、人間関係を愛という軸で分析してみましょう。愛の形にはいくつかの段階があると思うのです。

一番目は、前に述べた「**自己愛**」です。

これは、自分中心の愛ですから、人に何かをしてもらいたい、してもらったら得をする、と考える、いわば奪う愛です。Give & Take で、できるだけ Take を多くしようと考えています。人に何かをしてあげる場合でも、その見返りを期待しており、打算が働いています。

会社の人間関係においても、リーダーが後輩に何かを教えたら自分のポジションが脅かされると考えて、できるだけ出し惜しみする。自分より力のある人間を下に置かないようにする。能力のある部下がいた場合は、その人が成果を出すことを邪魔する。誰かが自分より成功すれば嫉妬し、尊敬するどころか、きっと要領よくやったに違いないとやっかみを持つ。ライバルを蹴落とすことを考えているようなリーダーのもとで人が育つわけはありません。

このような、自分に利することを中心に考えている間は、決して自己成長は期待できません。自分より能力的に劣っている者を部下にして、自己保身を図るようなリーダーのもとでチームが大きな成果を上げることはないのです。

もし、自己保身の感情や人の成功を祝福できない、嫉妬する感情があると気づいたら、そのような状態から早く卒業してください。他の人の成長を支援することが結局は自分の成長になり、自分の属するチームの成果を大きくすることになるのです。利他に目覚めることが必要です。

第二の段階は、「**同胞愛**」です。

自分が、自分が、と思うのではなく、チームや組織、地域や社会の皆が大切な存在だと思い、共存を図っていこうと思う愛です。隣人愛といってもよいでしょう。チームメンバーを尊重し、共に調和して働きたいと思う状態です。

お互いがそれぞれの役割を認識しており、協力して仕事の進め方を標準化して、同じ目標に向かって手をたずさえて進んでいく。チームワークの取れた気持ちのよい仲間のような感じです。

もちろん、この状態が悪い状態ではないことは確かです。しかし、何かが不足しています。成果を上げるためには、しっかりとしたリーダーも必要だし、お互いが切磋琢磨してより向上を目指すような姿勢が必要なのです。それぞれが高みを目指して成長を図ることで、チーム全体の成果を高くしていけるような考え方が必要です。

なかよしクラブ的にお互いを尊重し調和するだけではなく、高みを目指し、先に行くものが後に続くものを指導する体制が求められます。

第三段階は、「**指導者の愛**」です。

地位やポジションとしての権力で人を動かす指導者のことではありません。チームや組織のリーダーとして、メンバーの成長を一番に考え、メンバーの活躍を通して組織の成果を最大にしようと思う指導者のことです。

最初は、リーダーである自分がどのように見られているか、上司からどのように評価されるかを気にしているかもしれませんが、最終的には自分という「我」がなくなっていきます。周りの人や部下の成長と成功こそが自分の成功である思える心の状態です。

相手の成長が自分の責任だと思えるのが指導者の愛

心から相手のためを思い、相手の立場で成長・成功のために何が必要かを考えられる。それを考え、実行することが自分の責任だと思える指導者です。人は愛さなければ育たない、といいます。心から相手の成長を願う愛のない指導者のもとでは、その指導者以上に優れた人は育たないのです。

たとえば、子供であっても、本当にその子の成長を願っているならば、時には厳しくしかることもあるでしょう。部下であっても、優しいだけの上司では育ちません。本当に成長を願うのであれば、厳しく突き放すときも必要なのです。

エンディミオン効果というのを学びました。これは、人は期待されたような人になる、という法則です。すなわち、大きく期待し支援してあげれば、相手はその期待に応えるように自己成長を図るということです。

仕事では、なすべきことの意味・目的をよく腑に落とし、組織や社会に貢献することを目指して己の利益を超えた公の利益のために行動できることが必要です。

このレベルの指導者は、利自即利他の思いで、常に自己の成長・成功を目指すとともに、その成功が周りの成功につながっていることを忘れません。大きな成果を出すことができる指導者のカギはやはり「愛」なのです。

このレベルの愛を実践できる指導者がさらに上を目指すためには、よき人もよくないと思える人も等しく愛し、包み込むような包容力が必要かもしれません。

そして第四段階目は、「**人格者の愛**」です。

第三段階の指導者の愛が、まだ対象を選んで育成する感覚を残しているのに比べ、人格者の愛は対象を選ばず、よき人も悪いことを考えている人でさえ、その人の心の中のダイヤモンドを信じて、包み込むことができる人のことです。

もしかして、お人好しのリーダーに見えるのでだましてやろうと思って近づいてきた悪人でさえ、何かそのリーダーのオーラに感化されて改心してしまうようなあふれんばかりの愛を与えることができる人。人格者とか徳ある人といわれる人の愛は無限です。

あらゆる人を許し、受け入れ、善導できるのが人格者の愛

このような指導のもとでは、仕事の目的が明確になるというレベルにとどまらず、仕事の真の意味・生きている意味さえ発見し、使命感を持って仕事に当たれるようになります。

松下電器産業の創始者、松下幸之助氏は、新入社員にも、「君、この装置はどうすればもっとよくなると思う?」というような問いを投げかけ、真剣にその意見に耳を傾けたといわれています。巨大会社の総帥に、それほど真剣に意見を聞かれたのでは、その新入社員は感激して、次はもっとよいアイデアを考えようと必死で努力することでしょう。

アンドリュー・カーネギーというアメリカの鉄鋼王は、自らの成功の秘密を、自分より優れた

人材を活用するのが上手だったからだと分析しています。彼の墓碑銘には「己より優れたるものを使いしものここに眠る」と書かれているといわれています。

ビル・クリントンというアメリカの大統領は、いなか町の出身で若くして大統領になりましたが、彼と付き合った人の多くは、ビル・クリントンと話をしていると、「自分はクリントンにとって一番大切な人間だと思わせてくれる」と述懐しています。ビル・クリントンの周りには、彼によって自分の重要さに目覚めさせてもらった人が集まり、心からビルを支えていたから、皆に押し上げられて大統領にまでのぼりつめたのでしょう。

ジェームズ・コリンズという著者による『ビジョナリーカンパニー②』（日経ＢＰ社）には、世界の優良企業を分析した結果そのリーダーとして最も安定しているのは、第５水準のリーダーシップを持ったトップがいるところだといっています。第４水準がカリスマとすれば、第５水準とは目立たない、真から謙虚なリーダーだというのです。成功した理由を聞かれれば、それは部下のお陰だというのです。

このように、指導する者の成功の鍵は、分け隔てのない謙虚な愛ではないかと思います。指導者を目指すことで、私たちはここまで高みに達することができる。人格者となり、徳高き人となり、世の中の光となれる。もちろんその道は険しいかもしれないけれど、この世に生まれてきた以上、目指すに値する目標ではないでしょうか。

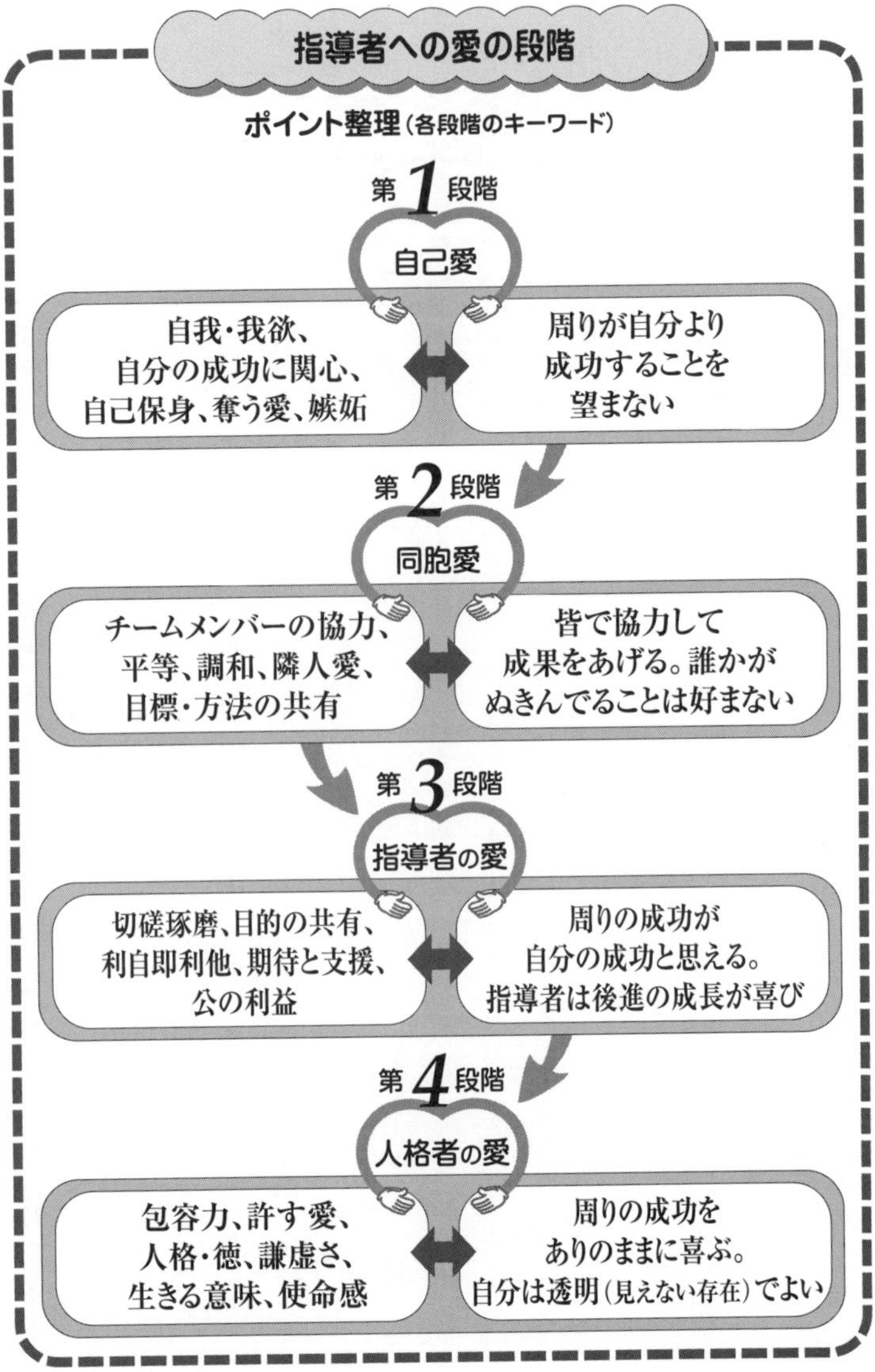
指導者への愛の段階
ポイント整理（各段階のキーワード）
第1段階
自己愛
自我・我欲、自分の成功に関心、自己保身、奪う愛、嫉妬
周りが自分より成功することを望まない
第2段階
同胞愛
チームメンバーの協力、平等、調和、隣人愛、目標・方法の共有
皆で協力して成果をあげる。誰かがぬきんでることは好まない
第3段階
指導者の愛
切磋琢磨、目的の共有、利自即利他、期待と支援、公の利益
周りの成功が自分の成功と思える。指導者は後進の成長が喜び
第4段階
人格者の愛
包容力、許す愛、人格・徳、謙虚さ、生きる意味、使命感
周りの成功をありのままに喜ぶ。自分は透明（見えない存在）でよい

5 人生は一冊の問題集

よい指導者となるために考え方や手法を様々に考えてきました。いよいよ最後の節です。

私は、日々の仕事は問題解決の連続であると思っています。次々に現れる問題を処理し、解決していくこと。問題があるからこそ改善や成長のヒントが得られる。一見困りごとと思える問題も、実は大切な成長の糧なのです。感謝して立ち向かうべきなのです。いや、物事が順調で問題などないと思える場合でも、もっとよいやり方はないだろうか、将来の視点から見てより高いレベルにするにはどうすればよいだろうかと、新たな問題を自ら創り、それを解くことでより高いレベルの仕事をしていく。仕事すなわち問題解決をしていく過程で、自分も周りの人々も学びを得、互いに成長していく。これが仕事の本質です。

人生もまた、まったく同じ性質を持っています。子供の頃には親や先生から問題を与えられ、それを解くことで上の学校に進み、成長してきました。会社や社会生活ではチャート式の問題集を与えられることはないかもしれません。しかし、日々問題は発生し、対応を迫られています。問題がないという方は、問題に気がついていないだけかもしれません。

問題を考えるうえで大切なことが二つあります。

ひとつは、問題とは困りごとだけではなく、自ら創るものも問題だという点です。困ったことが起こったときは、全力で解決に当たることはいうまでもありません。しかし、問題がないと感じたときは〝よかった〟と思わず、〝**問題がないことが問題だ**〟と思い、より高いレベルを目指して自らに課題を与えるべきです。日頃から、目標を高く設定している人は、現状に甘んじることを良しとしないので、常に問題意識があります。高みへといつも向上心を持ち努力している人々こそ、指導者としてふさわしい人間だといえると思います。

問題は成長の糧、問題があってよかった。問題がないことが問題だ

二つめに大切なことは、人生において遭遇するあらゆる問題は、解決が可能だという点です。降って湧いた問題でも、自ら設定した課題でも、自分で認識したあらゆる問題は解決可能です。解決できない問題は認識できないので、与えられないのと同じです。もし、問題には、解決できる問題とできない問題があると決めたら、私たちはどう対処するでしょうか。おそらく「解きたくない問題」は解けない問題だと定義して、解くのを諦めるのではないでしょうか。これは考え方の問題です。

〝**あらゆる問題は解決可能だ、人生において乗り越えられない問題はない**〟という考え方をしてほしいのです。そうすれば、どんな問題に対しても解けない理由を探す前に、どうしたら解ける

かを考えるでしょう。難しければ人々と協力して、時間をかけて少しづつ取り組み、知恵を絞って何とか突破口を見つけようと努めるでしょう。

あらゆる問題は解決可能だ、
人生において乗り越えられない問題はない

そうした態度こそ、指導者として育てるべき態度、人々に示すべき一番大切な姿勢です。

皆さんが何歳であろうと、どんな立場であろうと、もし少しでも人を指導することに関わっていらっしゃるのなら忘れないでください。

『人生は一冊の問題集。解けない問題などないのだ』ということを。

これからも一生問題を解き続け、自らも成長し続け、人々から慕われる指導者になってください。

世の中をよくし、発展・繁栄させるパワーの源泉は教育です。皆さん自身が素晴らしい人になろうと

図4-2　人生は一冊の問題集

心に誓い、人々のモデル（模範）になろうと願ってください。不完全な人間であっても、努力して世のため人のために貢献していきたいと思えることが素晴らしいのです。

本書を読まれた皆さんが、世の中の光となり、その光が育成される相手へと次々に広がっていくことを願いつつ、本書を閉じたいと思います。

感謝

人生は一冊の問題集である

ポイントの整理

人生には解ける問題と解けない問題がある	人生において遭遇する問題で解けない問題はない
困難な問題は自分で「解けない問題」と定義する	いかなる問題も自分に解けるから与えられたのだと考える
解けないと決めた問題は諦める	いかなる問題も諦めないで解決の糸口を探す
困難には、それを避けることで切り抜ける	困難には、自分を変えることで立ち向かう
実力が上がらない	実力がぐんぐん上がる
人の役に十分立てない人生の無駄遣い	人の役に立つ有意義な人生

大きな困難に遭遇する人は実力者だ。
人生の応用問題を与えられたのだ。必ず問題を解ききるぞと努力している人には協力者も現れる。
「天は自らを助くものを助く」のである。

⑥ 演習「生きている意味を発見する：使命の自覚」

人間は何のためにこの世に生まれてくるのでしょうか。もしあなたが天上界にいて地上に生まれようとしているあなた自身を指導している天使だとすれば、人生計画をどのように立てますか。天国には、世のため人のために活躍した人のみが天使としてもどって来られるという決まりがあるとしましょう。あなたを地上に送り出すに際して、その人生計画を考えてください。

1. 成し遂げたい志は何ですか。

（例）教育の分野で、日本をリードできる徳高き人材を一万人育てる。

2. その志を達成するための現在の壁（問題）は何ですか。

（例）時間がなくて、自らの能力アップの勉強ができない。

3. その壁を乗り越え、志を全うするために、今後具体的に何をしますか。

（例）仕事の優先順位を再考して、止めるべきものを決める。

＊天使はあなたの志の高さと、実行の決意の強さに応じて支援をしてくれます。

ヒント！
信念に天恵あり
積小為大
人生は一冊の問題集

おわりに

あるとき、ある研修でこんなことがありました。

参加型の研修で、五名編成で四グループになっていました。各グループに一名の女性がいらっしゃいました。第一日目はこの会社の事務局がグループ編成をしておいてくださったのですが、二日目の研修に入って、グループのメンバーの編成替えを行いたいと思いました。

そこで、女性四人を残して、男性に端から順に1から4の番号をつけました。1番の人が一班に、2番の人は二班にと移動すると、全員が入れ替わることになり、しかも各グループには女性がひとりいて、多様性のあるグループができると思ったのです。

ところが、グループ編成が終わった後、ひとりの女性が猛反発してこられました。彼女の言い分はこうです。

「女性をひとりずつ各グループに配置するなんて、セクハラだ。女性を分配するようなグループ分けは承知できない」

私は、最初の日は、この会社の事務局でグループ分けをしていただいており、そこには各グループに一名の女性がおられた。そのように配置することが女性に対して不快感を与えるなどと想像していなかったのです。

多様性があるメンバーのほうが学びが大きいと、理由を述べたのですが、「講師の意識にセクハラ体質がある」と責められました。

第一日目の楽しく意義深い研修が、ここで一転気まずい雰囲気になってしまいました。他の三人の女性を含む受講生は、特にこのグループ換えに違和感を覚えた様子はないのですが、反発した女性に対して異論を唱えるほどの勇気もないようです。

私は、最初〝そんなことで目くじらを立てるなんて大人気ない〟と感じましたが、よく考えると、たしかにこの女性の感覚は「女性の立場」に立てば、もっともではないかと思えてきました。

そこで、このような方法でグループ編成を換えたことを心から謝り、他意がなかったことを説明して研修を再開しました。幸い研修は活発で、学びの多いものになりましたが、最後のアンケートで、この女性だけは非常に低い評価をくだされました。

それ以来、グループ編成や、ちょっとした対応にも、できる限り気をつけるようになったことはいうまでもありません。この女性から学んだことはとても大きいものでした。

教えるという作業は、内容だけの勝負ではありません。あらゆるプロセス、スキル、一挙手一投足が相手に何らかの影響を与えています。この反発してくれた女性のように、はっきりと口に出してくだされればわかるのですが、口に出さず、あるいは本人もはっきりとは意識せず、いやな思いを持っている受講生もいることでしょう。

教える側は、細心の気配りが必要です。甘えずおごらず。威張らずこびない態度が必要です。教える技術も態度も、私自身、まだまだ学びの途上だと思っています。

研修の進め方に関しては、もっともっと色々な手法やアプローチがあります。もし、ご希望の方が多いようなら、またいつか語ってみたいと思います。

教えるという作業は、人間関係を創りあげる作業です。会社や組織で、よい指導者になるためには、まず一個の個人としてよい人である必要があります。

善良で謙虚で誠実な人間。明るくて前向きで物事を人のせいにしない人間。そのような人間になろうと努力することが大切でしょう。

練習の場は家庭にあります。結婚していなければ親や兄弟姉妹との関係も大切でしょう。家庭が明るく希望に満ちていれば、教える現場も明るく活力に満ちたものになります。

私は、世の中を明るくし、未来の社会を活力に満ちた繁栄する社会にするお手伝いをしたいのです。

『「教え方」教えます』を読んでくださった皆さんの会社が、職場が、そして家庭が明るく輝いていきますように。世の中の家庭がすべてユートピアとなり、会社がユートピアとなり、社会がユートピアとなっていきますように、心からお祈りし、お読みくださった皆さんに感謝し、おわりの言葉といたします。

荒巻基文

〈参考書籍〉

『コーチングがやさしく身につく物語』飯嶋秀行著、日本実業出版社
『コミュニケーション論』末田清子・福田浩子著、松柏社
『太陽の法』他　大川隆法著、幸福の科学出版
『仕事力を今すぐ2倍に高める技術』荒巻基文著、幸福の科学出版
『プロフェッショナルの条件』P.F.ドラッカー著／上田惇生編訳、ダイヤモンド社
『ビジョナリーカンパニー②』ジェームズ・コリンズ著／山岡洋一訳、日経BP社
『ニワトリを殺すな』ケビン・D・ワン著／高橋裕二監修、幻冬舎
『自分の壁を破る人、破れない人』渡部昇一著、三笠書房
『ハーバード流交渉術』ロジャー・フィッシャー、ウィリアム・ユーリー著／金山宣夫・浅井和子訳、TBSブリタニカ

《著者略歴》

荒巻　基文（あらまき　もとふみ）

1949年京都生まれ。京都教育大学卒。ソニー企業を経て、96年に独立。アイビジョン㈱代表取締役。産業能率大学・大学院教授、サンフランシスコ州立大学客員教授など歴任。現在、経営コンサルタントとして活躍中。ビジネススキル、ネゴシエーション、プレゼンテーション、ディベート、論理思考、問題解決、戦略構築、異文化コミュニケーションなどの企業研修では、イオン、セブンイレブン、ファミリーマート、東芝、日立、パナソニック、KOA、日産、デンソー、コンチネンタル、三菱重工、三菱化工機、新日鐵住金、コマツ、クラレ、ニコンインステック、ANA、日本通運、キリン、明治乳業、グリコ乳業、京王百貨店、三菱東京UFJ銀行、ソフトバンクモバイル、PASONAグループ、京都府など多くの著名企業での研修実績を持つ。エグゼクティブ・コーチングや講演活動などでも活躍する。「生き生き仕事人」など教材・教育システムの開発も多く手がける。『プレゼンテーションの技術』『社会人のための伝える力』『「コンサルティング・セールス」のすべてがわかる』など著書も多数。

http://www.i-vision.co.jp/

[主な著書]

『Perfect「ビジネスコミュニケーション」』産業能率大学出版部（2009年）

『「コンサルティング・セールス」のすべてがわかる』産業能率大学出版部（2009年）

『プレゼンテーションの技術』産業能率大学出版部（2010年）

『社会人のための伝える力』産業能率大学出版部（2013年）

「教え方」教えます

―ビジネスに活かせるコーチングを超えた具体的な指導法―　　＜検印廃止＞

著　　者　荒巻基文

発 行 者　田中秀章

発 行 所　産業能率大学出版部

東京都世田谷区等々力6-39-15　〒158-8630

（電話）03（6266）2400

（FAX）03（3211）1400

（振替口座）00100-2-112912

2008年7月26日　初版1刷発行

2014年7月25日　　　4刷発行

印刷所　渡辺印刷／製本所　協栄製本

（乱丁・落丁本はお取り替えいたします）　ISBN978-4-382-05589-6